江竹筠的故事

任农潮　编著

中国社会出版社

图书在版编目（CIP）数据

江竹筠的故事/任农潮编著.
北京：中国社会出版社，2006.9
（英雄故事丛书/朱司俊　徐　雁 主编）

ISBN 978-7-5087-1339-7

Ⅰ.江…　Ⅱ.任…　Ⅲ.江竹筠-生平事迹
Ⅳ.K827=6

中国版本图书馆 CIP 数据核字（2006）第 105542 号

丛 书 名：英雄故事丛书
主　　编：朱司俊　徐　雁
书　　名：江竹筠的故事
编 著 者：任农潮
责任编辑：杨　晖

出版发行：中国社会出版社　　　邮政编码：100032
通联方法：北京市西城区二龙路甲 33 号新龙大厦
电　　话：（010）66050647　（010）66051713　（010）66061708
网　　址：www. shcbs. com. cn
经　　销：各地新华书店

印刷装订：中国电影出版社印刷厂
开　　本：150mm×225mm　1/16
印　　张：11.25
字　　数：156 千字
版　　次：2012 年 3 月第 2 版
印　　次：2014 年 6 月第 2 次印刷
定　　价：18.50 元

《英雄故事丛书》编委会

编者的话

胡锦涛总书记在一次中央领导集体学习时，特别强调要铭记中国革命史。他说，要把学习中国革命史与加强理想信念教育紧密结合起来，做到任何时候、任何情况下，都坚持理想信念不动摇、革命意志不涣散、奋斗精神不懈怠。

一部中国革命史的核心内容和本质要义，自然是爱国主义、革命理想和革命英雄主义。要铭记中国革命史，就必须坚持并加强革命传统教育，就要突出向革命英雄学习，学习他们为了革命理想和共产主义信念前仆后继，不怕流血牺牲的大无畏革命精神。

这套《英雄故事丛书》应时而生、应运而生、应势而生。丛书首批精选了《雷锋的故事》《张思德的故事》《刘志丹的故事》《刘胡兰的故事》《黄继光的故事》《马本斋的故事》《赵一曼的故事》《江竹筠的故事》《杨靖宇的故事》《邱少云的故事》《董存瑞的故事》《狼牙山五壮士的故事》《方志敏的故事》《王若飞的故事》《向警予的故事》等十几位最具代表性的革命英雄人物的动人故事，奉献给广大读者。当我们开卷阅读这些生动、形象的理想信念教育和革命英雄主义教育的珍贵图书时，仿佛看见光辉璀璨和感人泪下的英雄群体列队正向我们大步走来；似乎听到了英雄们高声歌唱的《国际歌》；好像伸手就能够触摸到英雄们跳动的脉搏。通过这套丛书，我们又会真真切切地感觉到，英雄是民族的脊梁。中华民族正是因为有了一代又一代层出不穷的民族脊梁，才会在中国革命史上书写了一页又一页的光辉篇章，也才会有今天中华民族的伟大振兴。然而，在物欲横流面前，也有一部分人变成了金钱和物质的俘虏和奴隶。他们无视民族英雄的存在，把民族英雄、革命理想和光荣传统抛在脑后。当有人提议要进行革命英雄主义教育的时候，竟然会有人不屑一顾。据一次若干所中小学校的千人社会调查结果反映出，知道刘胡兰、黄继光、董存瑞等英雄人物的中小学生，竟然不足被调查人数的20%，能够说出英雄人物感人事迹的更是屈指可数。难道这还不令人深深叹息和无比痛心吗？

无疑，《英雄故事丛书》的读者是全体国民，但是其主体读者是广大青少年、解放军战士、青年工人、青年农民和大中小学生。100年前有识之士梁启超说过："少年智则国智，少年富则国富，少年强则国强，少年独立则国独立，少年自由则国自由，少年进步则国进步，少年胜于欧洲则国胜于欧洲，少年雄于地球则国雄于地球。"青少年永远是祖国的希望和未来，以爱国主义和革命英雄主义为主旨的"八荣八耻"教育，首先在广大青少年之中展开，不仅是现实的迫切需要，更有其远大的战略目标。

《英雄故事丛书》的作者，大都是40～50岁，他们以高度的责任心、丰富的社会经验、充实的历史知识、深邃的洞察能力、成熟的写作技巧融入的这套丛书，翔实厚重、手法灵活、视角独特、可读性强。他们为广大青少年读者奉献了一套内容丰富的精神食粮，一套不是教辅胜似教辅的好书。在此，我们代表广大读者，尤其是青少年读者，向这套丛书的作者表示由衷的谢意！

目录

引 子

多少年来，通过小说、歌剧、电影、电视剧等多种艺术形式，已经使“江姐”这个光辉的艺术形象家喻户晓，深入人心，世代传诵。江姐已成为广大人民群众、尤其是青少年读者心目中的革命英雄、学习的榜样、永远的记忆、不朽的丰碑。这是长篇小说《红岩》作者、著名作家杨益岩、罗广斌的一大贡献。对此，我们对这两位老作家表示崇高的敬意。

那么江姐的生活原型究竟是谁，她的原本姓名又是怎样称谓的呢？根据一系列翔实的历史资料和革命回忆录记载，可以确切地讲，江姐的生活原型就是革命烈士江竹筠同志。江姐既是江竹筠同志的艺术化身，又是广大人民群众对江竹筠的敬称，让我们在记住江姐称谓的同时，也应该同时记住她的原名——江竹筠。

现在,我们把江竹筠烈士平凡而伟大的一声,坎坷而壮烈的一生编纂成真实的故事,讲述给今人和后人,让我们的子孙后代永远牢记江竹筠同志等成千上万革命先烈的丰功伟绩,让革命精神代代相传。

苦难的童年

1920 年 8 月 20 日，江竹筠出生在四川省自贡市大山铺朱家沟。

那里是起伏不平的丘陵地带。山峦叠嶂，树木茂密，景色宜人。弯弯曲曲的小溪穿过葱翠的竹林，日夜不停地流向远方。村边的两间破草房就是江竹筠的家。

江竹筠的父亲名叫江上林，她的母亲叫李舜华。江上林不安于农村田间的辛苦耕作，始终是到处奔波，谋求生计。他和李舜华婚后不久，就离开家乡，到重庆等地打工。他不停地变换职业，在哪里也干不了多久，总是没有固定落脚的地方。他常常是三五年才回家一次，小住几日，就又客走他乡。江竹筠从记事开始，就只知道自己是跟着妈妈李舜华长大的。

李舜华的父亲名叫李焕章，是个木匠，住在离朱家沟很近的关刀石。李焕章有八个儿女，靠做木工的微薄收入难以养家，孩子们小小年纪就得为家中生活忙碌，有的在街上叫卖“麻糖杆”，有的去拾煤炭花，捡烂菜，勉强维持一家人的生活。

李舜华生于1895年，当时腐败的清王朝统治中国，中国已沦为半封建半殖民地社会。随着列强们的纷纷入侵，洋人已来到她的家乡修建教堂，传播基督教，李焕章时常到教堂找一些零活儿干。李焕章工作老实勤恳，得到教堂神甫的赏识，被专门留在教堂做杂工，家里从此有了稳定的收入，生活状况变得稍微好了一些，孩子们也有了读书的条件。但李焕章只让李舜华读了两年书，就把尚不满18岁的她嫁到了江家。

江竹筠两岁时，妈妈又生了个弟弟江正榜，她妈妈仍是独自一人支撑着家，抚养姐弟俩，生活是非常艰难的。她从小就必须学着照看弟弟，稍大些后，就跟着妈妈去地里打猪草、拣粮食，回家就帮妈妈烧火做饭、煮猪食。

到了上学的年龄，见到旁人家的孩子上学，江竹筠也很想上学，可是当她看到妈妈那么操劳辛苦，就又打消了念头，尽力多帮妈妈做一家些务。

在江竹筠幼年的心目中，去外婆家是一件特别快乐的事情，在那里她可以知道外面世界的许多新闻。外婆和幺姨都十分喜欢她这个眼睛大大的、话语不多，却喜欢琢磨问题的小姑娘。幺姨上过教会办的小学，知道许多发生在清代末年和民国初年的事件，她就喜欢幺姨讲这方面的故事给她听。她痛恨欺侮中国人民的洋人和坑国害民的卖国贼，非常崇敬爱国将领民族英雄和革命党人。幺姨有时还带她到城里的街上走走，使她看到了很多奇奇怪怪的现象，总想从幺姨那里得到答案，而幺姨也不能说得很清楚。心中的疑问真是多极了，她不明白："一个肥壮的白皮肤外国人，为什么要由两个瘦弱的中国人用滑竿抬着，气喘吁吁地飞跑？沿街都是面带饥色、骨瘦如柴的叫花子，为什么街上竟设有那么多的鸦片烟馆、赌博摊子……"

面对一个个触及旧中国社会深层次的问题，年龄只有七八岁的江竹筠也只能把疑问留在了心底。她当然不可能知道那些现象是正处于半封建半殖民地中国社会的普遍状况。帝国主义列强加紧对中国的压迫和掠夺，国内军阀混战，所有这一切造成的负担，全部转嫁到了人民大众头上，除了强征的夫役、壮丁之外，赋税一加再加，老百姓一年须向当局缴纳几年的赋税……

江竹筠八岁那年,自贡一带遭遇了有史以来罕见的大旱灾。土地龟裂成一块块的,地里的所有庄稼都被火辣辣的太阳烤成了焦黑的枯柴。到处是人无粮食,畜无饲料,饿死的人横尸遍野,随处可见。

李舜华抬头望着没有一丝云彩的天空，低头凝视着干涸的土地，搂着江竹筠和她的弟弟心中在问："这世上我们一家人的生路在哪?!"

饥肠辘辘、步履蹒跚的灾民们拄着拐杖，相互搀扶着，四处逃荒去了。

江竹筠的外婆是早些时候离开关刀石的，被江竹筠的三舅李义铭接到了重庆去住。外婆捎过信，叫他们去重庆。

李义铭家会收留他这一家三口的穷亲戚吗？重庆那边究竟有没有他们的生路？李舜华无法知道，但她没有任何选择，只能带着一双儿女举家出走，离别朱家沟，向位于长江边上、路途遥远的大城市重庆走去。

江竹筠和弟弟跟随妈妈，拖着疲惫不堪的瘦弱身体，好不容易走到了重庆，找到了三舅家，也见到了外婆。

外婆见到他们，一把将江竹筠和她弟弟搂在了怀里，高兴地流出了眼泪。一面张罗着给他们倒水、拿吃的，一面不住地问这问那，江竹筠感觉外婆仍然像从前那样疼爱自己。而三舅和三舅母却始终板着面孔，态度冷冰冰的，对他们一家三口的突然到来非常反感，把他们视为包袱累赘，不愿收留安置他们，甚至直截了当地要赶他们出门。外婆十分生气，训斥三舅的无情无义，竭力庇护他们一家三口，才使他们勉强留住了下来。

江竹筠的三舅李义铭是李焕章几个子女中最机灵的一个。他依靠父亲为教会工作的有利条件，争取到了教会的资助，放弃了在家乡的小生意，一门心思上学读书。他从小学一直读到大学，成为华西大学第一届毕业生。

在华西大学，李义铭学习极为用功，学业成绩一直名列前茅。正是这个缘故，他从华西大毕业后，就很快在重庆谋到了一个极好的职业：在教会办的宽仁医院当上了医生。

李义铭并没有因为当上教会医院的医生，每月有了60块银元的收入就心满意足，他一直在寻找机会赚钱，积累财富，使自己能够跻身上流社会，成为贵族阶层的一员。他在看病就诊过程中终于发现了一条生财之道：军阀混战导致很多受伤的军人来重庆治伤就医，而西医治疗外伤的效果最好；况且，重庆西医甚少，他如果辞去宽仁医院的职位，自行开业行医，每月的收入肯定会多得多。但是按照教会规定，李义铭要离开宽仁医院自行开业行业，就必须向教会偿还原来教会资助给他的全部学习费用。他还清了学习费用后，便打着华西大学高才生、宽仁医院医生的招牌，通过军阀在重庆当权人物的关系，在重庆小什字开设了义林医院。接着，又借“田园会”基金的实力，将重庆观音岩下的一大片土地圈到了自己名下。除了一部分土地用来修建义林医院外，大部分土地被用于房地产开发。随着重庆城市扩建，地价猛升，李义铭可以说是日进斗金，发了横财。慢慢地李义铭不再坐诊看病，医生也逐渐演变成地地道道的商人。在他的眼中认的只有金钱，心中盘算的唯有聚敛更多的财富。

江竹筠的妈妈看到了李义铭的变化，总觉得眼前的弟弟已不再是原来家乡的那个弟弟了，姐弟之间早已没有亲情可言。只是由于母亲年老多病，需要她和江竹筠在身边照料，况且初到重庆人生地不熟，再没有其他亲人可以投靠落脚，也就硬着头皮住下，慢慢再做打算。在以后的日子里，尽管江竹筠的舅母不时地指桑骂槐，摔摔打打，甚至在吃饭时粗暴地把江竹筠碗筷夺去扔在地上，江竹筠也没有掉过一次眼泪。

过了两年,外婆去世了。江竹筠和弟弟跟随母亲搬到了东水门居住。江竹筠同妈妈一起靠给别人做针线活儿,艰难地维持着生活。正在这个时候,江竹筠的父亲江上林在重庆蜀通轮船公司一条船上找到了工作,每月多少可以给家里一些补贴。母亲李舜华首要安排的是:让十岁的江竹筠和八岁的弟弟就近上学读书。然而好景不长,他们姐弟俩只上了半年多学,蜀通轮船公司就宣告破产,父亲失业后赌气回了家乡,他们姐弟二人失去了经济来源,只好退学回到家里。

为了一家人的生活，李舜华无奈四处托人求职，好不容易在南岸大同袜厂找到一份工作。江竹筠心里明白，靠妈妈一个人做工的收入不光养不活一家三口，也不能保证弟弟继续上学读书。她打听到大同袜厂可以雇用童工，便跟着妈妈一同去袜厂做工，弟弟则得以被送进孤儿院小学读书。

江竹筠虽然已经十岁了,但身体矮小,双手达不到设备的操作高度,只得踩着工厂专门为童工准备的高脚凳干活儿。江竹筠从小就帮妈妈分担家务,能吃苦,又心灵手巧,很快熟练掌握了织袜的操作技能,织出的袜子无论从质量还是数量上说,都不比成年工人差。可是同工却不能同酬,她从工厂领回的工钱还不到成年工人的一半。

江竹筠在袜厂做了两年童工。她每天工作都在十二小时以上，毕竟年纪太小，身体几乎被累垮了。而让人想不到的是在孤儿院上学的弟弟生病了，妈妈想让她辞去袜厂的工作，回家照看弟弟。袜厂的老板却算计着她是童工，工资付得少，工资是成年工人一半，就不愿放她走，而且还以要辞母女一块辞相要挟。更不幸的是妈妈又患了重病，母女只得丢掉袜厂的工作，回到了家中。此时，十二岁的江竹筠不仅要为妈妈买药治病，还得照顾生病的弟弟，生活的重担一下子压在了她幼嫩的肩上，真是有万般艰难啊！不幸中的万幸是，妈妈的病情渐渐有了好转。但今后一家人怎么生活，出路又在哪里？她不知道，只觉得眼前是一片黑暗。正当江竹筠同妈妈一筹莫展之际，江竹筠的三舅忽然派人找到他们，要接他们一家三口去观音岩的新居去住。江竹筠和妈妈都不相信自己的耳朵："这会是真的吗?!"

原来，江竹筠的三舅李义铭有自己周到的打算。自从搬到观音岩的新房子后，他的小儿子需要人照看并接受初步的文化教育。那年头重庆还没有托儿所，有钱人家时兴请家庭教师来管教自己的孩子。精于算计，而又不肯轻易相信人的李义铭自然想到了自己的姐姐李舜华。如果让粗识大字、又会料理家务的姐姐在他家里照看，教育小儿子，另带收拾收拾家务，他不是可以不花一分钱，又能雇到一个可靠的家庭教师和保姆了吗？凭着他多年和教会的关系，可以安排江竹筠姐弟俩去孤儿院免费上学。这样既能满足姐姐的心愿，又得博得社会的好评，自己又没有任何损失，岂不是一举三得的好事。江竹筠的三舅母也觉得很上算。

李舜华当然明白弟弟李义铭这番心，但她想到今后生活有了着落，尤其是能让江竹筠姐弟俩继续上学读书，就痛快地答应了弟弟李义铭的要求。

江竹筠和弟弟异常兴奋。江竹筠握着弟弟的手，高兴地对弟弟大声说道："我们又要上学了！为了妈妈，我们可要好好学呀！"

小学的良师益友

江竹筠就要到孤儿院小学读书去了。

江竹筠心里高兴，妈妈也高兴。妈妈把一身洗得干干净净、折叠得平平展展的蓝布衣服拿出来，一边递给江竹筠，让她穿在身上，一边笑着对她嘱咐道："你就要上学去了，学校就在观音岩坎下。地方不远，来去方便。我知道，你会用功学习的，我不担心。不过，你是姐姐呀，弟弟跟着你去上学，你可要多照顾他一点才是。""我会的，妈妈您就放心吧。"江竹筠答应着。

江竹筠穿起上学才舍得穿的衣服，脑海中一幕幕与上学有关的往事又情不自禁地闪现出来……

那是山城重庆一个少有的天气晴朗的日子，江竹筠小心翼翼地将碗、筷、碟、汤匙一一在桌子上摆好。又帮妈妈把一盘盘菜放在桌子中央，最后按座位盛好一碗碗米饭。妈妈满意地看了她一眼，她觉得自己可以回厨房吃饭了。她为妈妈盛了一碗饭，刚想给自己盛，就听到三舅母在餐厅里叫她。她连忙放下碗走进餐厅，抬眼就看见三舅母不知为什么黑着一张脸，三舅猛地用筷子敲了一下桌沿，嘴里狠狠挤出两个字："茶呢?!"

江竹筠立刻泡上茶给三舅母端去。然后，回到厨房吃饭。

窗外，传来一阵青少年欢笑声和轻快的脚步声。江竹筠知道，这是每天放学回家路过的学生。每当这时候，她总忍不住站在厨房墙边的石梯上向外张望，目送那些让她羡慕的学生。今天仍不例外，一听到声响，江竹筠就端着吃饭的碗上了石梯。正当她目不转睛看着身背书包的学生，跑着，跳着，从街上经过时，突然被人用力从石梯上扯了下来，手中的饭碗也被夺去摔在了灶台上。"你看，你看什么?！天天吃白食，还想上学，做梦吧！"三舅母冲着江竹筠吼叫着。接着，对闻声出来的妈妈和舅舅又指指点点嚷了起来。

她不想让妈妈难堪。没有争辩，不有哭诉，扔下手中的筷子，跑出门外。

……

跟妈妈搬到东水门居住那年，道门口小学新的学期即将开始，学生们在家长的带领下，高高兴兴地在校门口签到、交学费、领课本。在这里已经上了半年学的江竹筠也来了，但她是独自一人悄悄来的，父亲失业了，她已不能再继续上学。她去学校只是远远地望着校门口进进出出的同学们，心里充满了留恋，她在企盼，也像是在问自己："你，还有读书的机会吗?"

妈妈见她换好了衣服，就把一只用碎布块拼接缝起来的书包放在了她的手上。书包沉甸甸的，里面装着纸、笔、课本和砚台。都是妈妈夜深人静时，做针线活挣钱买来的。

妈妈也给了弟弟一个同样的书包。江竹筠替弟弟背好书包，准备同妈妈道别，与弟弟一起去上学。望着妈妈为儿女过分操劳而衰老的面容，江竹筠真想对妈妈说："我们一定发奋努力，刻苦学习，不辜负您的一片苦心！”可是心里酸酸的，什么也说不出来。

教会孤儿院办的这所学校是一所全日制小学。学校专门聘请了有教学经验的教师授课，加上治学认真，管理严格，赢得了较高的社会声誉。学生分公费生、自费生两类。公费生是由教会保送去的家庭经济困难的儿童。自费生则是家庭比较富裕的子女。在这所学校里读书的并不一定就是孤儿。

江竹筠每天都早早起床，帮妈妈做事，然后带着弟弟准时到校上课。课前她总是挤时间预习一遍课文。老师授课，她精力集中，专心听讲，不漏掉一个字；作业练习，她一丝不苟工工整整，坚持按时完成。

这所学校有一条规定，每学期举行三次考试，考试成绩特别优秀者可以直接升高一年级，也就是跳级。勤奋好学的江竹筠入学后，三次考试，三次跳级，仅用三年半时间，就学完了小学的全部课程。成了孤儿院学校里出名的跳级生，而且学业成绩也始终名列全校第一。

在孤儿院小学读书的日子里，江竹筠结识了许多新同学，也熟悉了他们的任课老师。

江竹筠有一位最要好的同学，那就是她的同班同学何理立。何理立也是一位很自强的女孩子，她们在不少方面有着共同的特点。

第一，她们都是学校中学习特别勤奋的学生。江竹筠考试后跳级，何理立也跳级。跳级后，学习新课程的暂时吃力，江竹筠碰到过，何理立也同样碰到过。她们始终是相互鼓励：当天的课，当天必须学懂；当天的作业，一定当天完成。

第二，她们都有学习更多文化知识的强烈渴望。随着年龄的增长和年级的提高，课本知识越来越难以满足她们的强烈求知欲了，她们就想方设法去老师那里借阅课外书籍，只要有新书，便相互传看，并经常在一起交流读书心得，把不懂的问题一一记到小本子上，然后集中向老师请教。

第三，她们崇尚民族英雄，喜欢阅读英雄的故事，吟诵英雄的诗篇。从汉朝的卫青、霍去病，到宋朝的岳飞、文天祥，还有戚继光、郑成功、林则徐、邓世昌等，都是她们心中的楷模。她们有时竟跑到江边，面对滔滔东去的江水，放声吟诵："人生自古谁无死，留取丹心照汗青！"

渐渐地，随着知识的日益丰富和视野的不断扩展，她们的目光从家庭转向了工厂、学校、城市和国家；她们关注的人群也由父母、亲戚到老板、同学、老师和生活在这个城市各种人。

共同的特点使她们有着共同的语言，坦诚相见、互相信赖的交往让她们成为最要好的同学。

在孤儿院小学老师中，丁尧夫老师是江竹筠最敬佩和最喜欢的老师。丁老师是江竹筠她们年级的主任，同时担任她们语文和历史两门课的教学。

丁老师讲述的历史课，使江竹筠她们懂得了中国近代史是一部屈辱史。英帝国发动侵略中国的鸦片战争，八国联军攻陷北京，列强们纷纷向中国索取巨额赔款、攫取中国主权的行径使她们感到极度耻辱和愤慨。日本帝国主义强占台湾，夺取中国东北三省，又步步向中国华北进逼的疯狂侵略行为，更使她们怒火满腔、热血沸腾，激起了挽救民族危亡、雪洗国耻的强烈责任心！丁老师让她们更进一步了解到，从中国近代史以来，帝国主义列强始终没有放弃对中国的侵占和掠夺，中国仍然处于被列强瓜分的危险之中。江竹筠她们还从丁老师的讲述中，知道了谭嗣同、邹容、秋瑾等一批革命党人大义凛然，视死如归的英雄事迹。

江竹筠和何理立所阅读的大部分发课外书是从丁老师那里借来

的。记得她们有一次去向丁老师借书看的时候，丁老师先是到门外警觉地看了看，然后关上门，从抽屉里拿出几本包着神怪小说封面的书，放在她们面前，表情严肃地叮嘱她们："只许在这里看，不能拿走。"她们翻开书的封皮，却见里面包着的是根本没有见过的一类书：郭沫若的《匪徒颂》、鲁迅的《狂人日记》、蒋光慈的《鸭绿江上》。

慢慢地，丁老师的居室成了江竹筠、何理立等少数同学的秘密图书馆。当她们看不懂、有问题提出时，丁老师总是耐心地给她们讲解，叫她们记在心里，到外边不要随意向陌生人讲，注意坏人——别动队特务盯梢、告密！

让江竹筠困惑不解的是：丁老师所讲的民族危亡现状，与她和同学看到的校园情况、重庆街头现象格格不入。校园风平浪静，没有一点反侵略、反压迫、反掠夺的表示；重庆市通远门的城墙上画着一幅宣传画，宣传的不是团结爱国，挽救民族危亡，而是画了一个巨大的青面獠牙怪物，说这就是"共产党"，它的头子叫"朱毛"，"他们杀人放火，共产共妻，什么坏事都干得出来"。

没多久，江竹筠所在学校也有关于街头宣传画的传闻了。说那画指的是川陕苏区的工农红军，是共产党的队伍，穷人都去投奔他们，有钱人对他们却怕得要死……

所有看到和听到的一切，都令江竹筠和何理立烦恼、困惑；头脑中像有一团乱麻，一时难以理出个头绪来。这时，江竹筠忽然想起了为她们授业解惑的丁尧夫丁老师。江竹筠拉起何理立："走，找丁老师去！"

江竹筠她们当然不可能知道，那时的四川正处在复杂、曲折和多变的阶段：中国工农红军四方面军在1932年冬从鄂豫皖边转移到川陕边来了！由王维舟同志领导的川东游击军开赴川北，成立了红军三十三军，同红四方面军会合，已在川北建立了川陕苏区。四川大小军阀深恐自己的防区受到威胁，又眼看自己不是红军的对手，就由四川最大的军阀刘湘出面，联合全国最大的军阀蒋介石派中央军入川共同剿共。这正是蒋介石求之不得的事，他正想将他的势力扩展到四川来呢。所以蒋介石派中央军入川时，随即就将他的参谋团、别动队也派了进来……

但江竹筠她们却知道：重庆街头上，每天天不亮时，就有一支为数不少、身着黄军装、脚踏皮鞋，高声呼叫着“一、二、三、四”的晨呼队，就是别动队的队伍。通远门城墙上，用各色油漆涂抹着青獠牙怪物宣传画的，正是别动队的人；丁老师让她们注意的也是别动队。

想到这，正在向丁老师宿舍走去的江竹筠与何理立二人，不由得警觉起来。她们停住脚步，看看四周有没有可疑的人。

不好了！就在孤儿院小学教师宿舍对面，那儿有一个小山丘，山丘上不正站着两个穿黄色军装，穿大皮鞋的别动队员？这两个家伙正朝教师宿舍方向张望。

一定得告诉丁老师注意！可是，不能在这个时候就去，只有等到这两个家伙走开了，才能去找丁老师。

等呀，等呀。她们坐在一棵大黄桷树下，复习了一遍课文，那两个家伙还在那里没有走。直到她们将课复习了五遍，天都快黑了，才看见那两个家伙走了，消失得无影无踪。

怀着“怦怦”直跳的心，她们悄悄来到丁老师的房间里，将刚才她们亲眼看到的事告诉丁老师。

“听说别动队正在到处乱抓人，您可要注意安全呀！”江竹筠关切地说。

丁老师看着她们紧张的神色，不由地笑了笑，然后对她们讲道："谢谢你们，我会注意的。快考试了，要抓紧复习，学习可不能放松噢，还有，最近一个时期不要到我这里来了，避免别动队的人注意。"

江竹筠回家后，还在想着这件事，她感觉空气似乎也比往常紧张了。

第二天放学时，她不经意地又瞥见别动队的人在那个小山丘上活动，人数也多了。

又隔了两天。下雨过后，大雾弥漫。这天上午有丁老师的语文课和历史课。

江竹筠走进了课堂。同学们全进了课堂，课堂坐得满满的。

上课铃响了。丁老师该来了。可是不见丁老师身影。

丁老师是病了？还是出了什么事？江竹筠同何理立相互交换了一下眼色，一股不祥的感觉涌上心头：那不该发生的事，也许真的出现了！

孤儿院小学校长带着一名语文教师走进课堂。告诉同学们，今后丁老师的全部课程由这位老师接替。

"为什么，丁老师呢？"

同学们大声叫了起来。

"丁老师不能再来上课了！"

校长语气肯定。

"为什么？为什么？"

课堂上乱了起来。

"嗯——他因有共产党嫌疑，已被别动队逮捕，军政委员会重庆行营已正式通知校方。"校长迟疑了一下，还是说明了原因。

同学们又是一阵议论，课堂嘈杂混乱，难以安静下来。

代课老师究竟在课堂上讲了什么，江竹筠根本不知道，只觉得大脑里是一片空白。

下课以后，代课老师离开了课堂。同学们七嘴八舌的议论传到了江竹筠耳旁："嗬，丁老师怎么会是共产党?" "丁老师是我们最好的老师，丁老师既然是共产党，那共产党不就是最好的人吗?" "那，抓丁老师的人，就是最坏的人!" ……

在以后的日子里，每当江竹筠和何理立一起讨论问题时，便自然想到了丁老师。丁老师如今被关在哪里，什么时候能放出来？她们无法找到答案。

直到江竹筠她们从孤儿院小学毕业，仍未打听到丁老师的下落。于是江竹筠同何理立相约：今后无论是谁先找到了丁老师，都要尽快告诉对方。是的，丁老师是她们一生都难以忘怀的良师益友，是丁老师在她们幼小的心灵中播下了爱国的种子。

走上革命的道路

在丁老师被捕后不久，江竹筠的家中也发生了一些变故。一天，江竹筠回到家中，妈妈擦了一下眼角的泪水告诉她："我们要搬出三舅家了，房子我已经看好了，就在附近的临华街上。"

"妈，多久搬?"

"明天。"

"妈，我向老师请个假，帮你搬。"江竹筠没有问妈妈这么急促搬家的原因。但凭她对三舅家的了解，就知道搬家是晚早的事。原来三舅家叫他们一家三口搬去一起住，是因为三舅的小儿子需要人照看；现在三舅的小儿子大些了，不需要江竹筠的妈妈了。

妈妈看了看江竹筠，叮嘱道："你和弟弟明天都不要请假。还是去上课。我们没有什么东西，我自己搬得了。记着放学回家就去临华街，在街口我准备摆个烟摊。"

妈妈摆的烟摊很小，总共两件家当：一个香烟架子，上面摆了一些低等香烟；一只铁丝笼子，用来装零钱的。光顾烟摊的多是些人力车夫和装卸工人。她还在晚上帮人做点针线活和洗洗衣服。虽然日子依旧很苦，但比在三舅家生活自在多了，又看见江竹筠姐弟俩学习成绩一直不错，尤其是江竹筠的成绩非常优秀，妈妈十分欣慰，身体也显然比过去好多了。

1936年秋，从孤儿院小学已经毕业的江竹筠面临上中学的问题。她的三舅从教会孤儿院小学得知消息后，或者出于良心发现，或者出于想给自己的姐姐一点补偿，就又出面安排江竹筠去南岸一所中学上学。非常凑巧，她的好同学何理立也去了那所学校。

江竹筠所在南岸中学虽然和重庆城隔江相望，但重庆和全中国的局势要大变的消息还是很快传开了。

“局势会怎样变，重庆城里的情况如何?”

江竹筠、何理立连日来忧心忡忡，忐忑不安。俩人商定：马上过江进城，看个究竟。

那是1936年12月13日。她们刚从长江渡船上下来，就听见有人在岸边大声叫喊：“嘿，蒋介石被张学良、杨虎城将军抓起来了!”

这喊声穿过被浓雾锁住的江岸，在山城间回荡：“嘿……蒋介石……被……抓起来了!”

随着上岸的人流，江竹筠她们来到了储奇门的街口，猛然发现：前方，雾蒙蒙的街头上已是危机四伏，战火一触即发。靠近行营驻地的街道已被铁丝网拦断，铁丝网的背后，堆起了沙包，沙包上架起了机关枪，身穿黄色军装的中央军正严阵以待；街的远处，与那些中央军对垒的，则是数目众多的、手中提枪、脚穿草鞋的川军。在军阀混战年代中长大的她们，早不止一次地见过军阀的军队在城里打巷战的事。但这一次却看到双方有明显的差异：装备精良的中央军十分紧张，总是躲在沙包后面，偶尔露一下戴钢盔的头，钢盔下的眼睛只向对方瞥一眼，就把头埋下去了，他们的人数明显少于川军；穿草鞋的川军人数远远超过中央军，他们一个个提着枪支大摇大摆地来回走动，驻足向对面阵地观望，不时地还有列队川军穿梭换防，仿佛随时能够以压倒多数的兵力向对方发起进攻。

“蒋介石都被抓起来了，作恶多端的别动队还不该抓起来吗?”顺着围观路人的高声评论，江竹筠她们又看到街上一家关了门的店铺门板上，贴着一张十分醒目的传单。传单上说明了张学良、杨虎城两位将军在西安扣留蒋介石，实行“兵谏”的目的，并原文登载了“八项主张”。

江竹筠读着“八项主张”，真有一种耳目一新的感觉，她被深深地吸引住了。

“停止一切内战”不就是停止“剿共”，把枪口一致对外吗？全国同胞万众一心，精诚团结，共赴国难，以救危亡的日子真的来到了吗？江竹筠思考着，心潮澎湃……

“释放一切政治犯”。江竹筠眼前一亮，忍不住脱口而出：“这么说丁老师可以被放出来了!”“我也认为是这样!”何理立恰好也读到了第四项。

江竹筠她们进城看到了形势的变化和全国抗日民众的觉醒；看到了祖国的希望；看到了心中美好的愿望即将实现……

江竹筠和何理立更加关注形势的发展，过江进城的次数也增多了。

半个月过去了。江竹筠又从南岸过江，到了储奇门。忽然城里传出一片震耳的鞭炮声。

江竹筠匆匆上了街，猛然发现：包围行营的众多川军不见了，别动队在街头设置的障碍沙包也拆除了。

急匆匆从街边走过的人，相互议论的话语飘进了江竹筠的耳朵："蒋介石被放了出来，又回南京了，别动队又神气起来了。"江竹筠听到后，不免有些失望，还有些担心。

1937年7月7日，发生了震惊中外的卢沟桥事变，日本帝国主义开始全面侵略中国，中国军民奋起抗战，抗日战争全面爆发了！

江竹筠和其他爱国学生一样，关注前方战争，积极投身抗日救亡运动。一个个振奋人心、鼓舞斗志的抗日消息，从全国传到重庆，又从重庆传到江竹筠所在的南岸中学：在中国共产党的努力争取和积极协调下，西安事变得以和平解决；反共的十年内战宣告结束，国民党和共产党已合作抗日；中国共产党领导的工农红军和南方各省游击队改编为八路军和新四军，并英勇地开赴抗日最前线……

从这些频频传来的消息中，江竹筠加深了对中国共产党的认识。在全国抗日浪潮空前高涨的大环境影响下，江竹筠感到自己的学校和整个重庆城都似乎显得异常年轻，充满了生机和活力。

街头上，到处是宣传抗日的团体。到处是为前方将士募捐的人群。江竹筠参加了歌咏队，她和同学们唱道"向前走，别退后，生死已到最后关头。同胞被屠杀，土地被强占，我们再也不能忍受，我们再也不能忍受……"时，她早已热泪盈眶，心中激荡着为挽救民族危亡而不惜牺牲一切的激情！

夜里，回到她那个房间狭小、灯光灰暗的家里，江竹筠还总是和妈妈一道拿起针线，为前方将士赶制棉衣……

重庆近来的许多新闻更是让江竹筠目不暇接、兴奋不已。那就是：八路军的办事处也设到重庆来了！中共的机关报《新华日报》也搬到重庆出版来了！生活书店、读书生活出版社、全国许多著名的抗战领袖、文化名人，都到重庆来了！

江竹筠视野洞开，眼前豁亮多了。新报纸新书刊、新观点都吸引了她如痴如醉的目光。妈妈靠摆摊、洗衣服、做针线活赚来的钱，显然是非常有限的，可妈妈懂她的心，她想订《新华日报》，想买新书，妈妈总是省吃俭用地想法支持她。她如饥似渴地从《新华日报》，从生活书店买来的书籍中寻求着祖国独立、民族解放的真理。

然而，随着时间的推移，江竹筠渐渐地又被街头出现的无数怪现象所深深地困扰了。中国华北、华东、华中、华南的大片国土，都相继沦陷于日寇铁蹄之下，无数沦陷区的难民流亡到重庆，挣扎在生死线上，而国民党一些当权者却借机囤积居奇，大发国难财。一种难以描述的压抑空气，骤然间在许多场合出现了：街头上的抗日歌咏队的宣传活动以及为前方将士的募捐活动，在举国抗日的中国陪都，竟然被迫停止；连看《新华日报》也要受到监视或审查……这一切，当然使江竹筠感到深深地苦闷！

随着日寇加强了对重庆的空袭，江竹筠就读的南岸中学被当局指定迁往江津县。江竹筠没有随校迁移，她考进了中国公学读高中。

这是1939年春天。中国公学附属中学的校址在巴县兴隆场，距重庆城区不过几十里远。

到了兴隆场这个小镇，江竹筠发现，这里也不是净土，同样使她压抑和困惑。她怎么也想不到，在这个乡间小镇上，也有许多人在学校内外活动，用贪婪的目光监视着师生的一举一动。只要他们一旦发现谁读了什么进步书籍，参加了什么抗日救亡的宣传活动，他们就会给谁扣上一顶“异党嫌疑”的红帽子，就会对谁实行盯梢，甚至暗下毒手……

何理立没有同江竹筠一起考入中国公学附中，而是到铜梁上高中去了。江竹筠十分怀念她们在一起阅读课外书籍，无拘无束地探讨问题的日子。进入高中的江竹筠更渴望阅读进步书籍，寻求社会进步的道路。面对新的复杂环境，没有了好同学的商量，她必须学会自我保护。她像丁老师那样，把心爱的课外书都用牛皮纸包起来，再写上课本的名称，同语文、数学课本混在一起，然后，去户外僻静的地方，先将当天应复习的课文再学习一遍以后，就把课本摆在一边，然后将课外书悄悄拿出来阅读。

日子一天天过去。江竹筠慢慢发现：同班有位个头比自己高、短发、名叫戴克宇的女同学，也像她一样，常到户外安静的地方看书、复习功课。江竹筠还注意到，这位同学显然比自己成熟、老练。她在看书的时候，能顾及周围的情况变化；一旦有陌生人来到，她还会不露声色地向自己发出警报，以便自己及时将那些不宜公开的进步书妥善收藏起来。

她从不打听自己读过什么书，而总是用一种十分坦诚、友爱和理解的目光，关注自己，关心着自己。

相处久了，江竹筠仿佛觉得，要是有一天看不见戴克宇同学，竟像缺少了点什么，没有了主心骨。她真想知道戴克宇读的是什么书，用心思考的有哪些问题。

有一天，江竹筠悄悄向戴克宇走去。正在树下看书的戴克宇早已察觉，只是淡淡一笑，仍一动不动地专心阅读。

“她在看什么书呀?”江竹筠心里在很想知道。

近了。江竹筠看清楚了戴克宇手中拿了两本书：一本是代数课本，另一本是古典小说《西游记》。江竹筠将手伸向戴克宇，戴克宇似乎根本就不想隐瞒什么，径直把手中的那本《西游记》递了过去。

江竹筠翻开《西游记》的封皮，才蓦地发现，这原本竟是一本别的书：艾思奇的《大众哲学》！戴克宇将这本书真是伪装得太好了，直到把书拿到自己手上时，还以为它真是一本《西游记》呢！

"星期天，"戴克宇环视了一下四周，然后继续说，"许多同学都要去呢，竹筠，你呢？"

"你是说去进行抗日救亡宣传？"

"对。"戴克宇像早就替江竹筠安排好了似的继续说道，"竹筠，你歌唱的不错，正差你一个歌手呢！我们去宣传的那个镇，兴隆场的特务不会去，没有人认识我们。"

星期天，江竹筠跟着戴克宇和一些同学去临近的镇上，满怀激情地组织抗日宣传活动。江竹筠和同学们一起唱道："同学们，同学们，快拿出力量，担负起天下的兴亡……"、"大刀向鬼子们的头上砍去，全国爱国的同胞们"时，这些勇敢的、纯真的爱国青年学生早已是热泪盈眶，热血沸腾，她和她们的心在一起跳动。

一连几个星期天，江竹筠同戴克宇等同学都去一些镇上进行抗日宣传。她也曾见到当地有些鬼头鬼脑的人在暗中对她们进行监视，但这些家伙不认识她们，加上她们返回时都是分散绕道而行，弄不清她们是哪里的学生。

每一次参加宣传归来，江竹筠都像是接受了一次洗礼，感到异常兴奋和激动。但同时，她又觉得自己没有尽到"担负起天下兴亡"的责任。她听说有许多热血青年投奔到抗日圣地延安的事，十分激动。她忍不住向戴克宇问道："你知道我同你讲过丁老师，我能像他那样，做一个真正的革命者吗？"

"当然可以。"

"我想去延安，找党，参加真正的革命党——中国共产党。你说，能行吗？"江竹筠用纯真的目光看着戴克宇，大胆说出了自己的想法。

戴克宇赞许地点点头，然后轻声问道："你知道，八路军重庆办事处、《新华日报》那些人，不都是从延安来的吗？"

“知道。”

“那你为什么就只想到去延安找党，参加革命呢？”

“克宇姐，”江竹筠眼前一亮，情不自禁地抓住戴克宇的手，不觉喊道，“你是说，就在重庆，真的可以找到党？”戴克宇点头笑了。江竹筠眼睛里闪着激动的光芒，十分恳切地向戴克宇提出了要求：“克宇姐，答应我：你一定要带我找到党，我多么希望成为党的一分子，为祖国独立和民族解放事业，为党的远大理想而奋斗啊！”

“竹筠，”戴克宇捧起江竹筠火热的脸，凝视着她异常兴奋的双眼，轻声问道，“你知道那可是十分艰巨，十分困难，而又十分危险的事业吗？”

“我知道，我早想过了。请相信我，我会不怕一切困难和危险，坚持到底的！”江竹筠坦诚而非常坚定地说道。

戴克宇紧握住江竹筠的手，语气肯定地说：“我一定尽力帮助你！”

那是1939年一个初夏的日子。江竹筠跟着戴克宇等同志来到一条潺潺流水的小溪旁，明亮的阳光透过竹林，将它的光辉时隐时现地洒在她们的脸上、身上。

此刻，江竹筠只觉得这世界静极了，自己是最幸福的人。庄严、神圣的时刻终于来到了，她跟着戴克宇同志郑重举起了自己紧握拳的右手，庄严地向党宣誓：“我自愿加入中国共产党，坚持执行党的决议，遵守党的纪律，不怕困难，不怕牺牲，为共产主义的实现而奋斗终身。”

入党之后，江竹筠浑身像平添了许多力量，她太兴奋了，立刻就想写信把这好消息告诉曾与她相约“找丁老师”的好友何理立。她信写得简单含蓄：

还记得丁老师，你找到他了吗？

何理立回信一语双关：

条条道路通罗马啊！

“啊，理立也入党了！”江竹筠高兴得差点喊出声来。

回顾自己的成长历程，江竹筠从丁老师想到了戴克宇。如果说是丁老师使她选择了革命道路的话，那么戴克宇同志则是她革命道路上的领路人。

江姐与“彭太太”

江竹筠加入党组织后，正当她以饱满的政治热情准备为党做更多工作的时候，周围的环境变得越来越恶劣，工作也愈发难以开展了。

山城重庆的反共浪潮汹涌险恶，政治空气日益紧张。《新华日报》虽然仍在重庆坚持出版发行，可当那些勇敢的报童背着报纸走上街头，就常常遭到国民党宪兵、警察和特务的追打，报童手中的报纸或被没收，或被撕烂。就连买《新华日报》的人也会受到盘问，甚至逮捕。新闻检察官对《新华日报》刊出稿件的审查极其苛刻，几乎每天都要将报纸反映的真实情况和正义呼声的文字扣下不发，使得报纸有时只能留下一块块注明“奉令免登”的空白。街头巷尾，乃至繁华市区，都随处可见戴着墨镜、暗藏枪支手铐的便衣特务。他们四处跟踪盯梢，捕人。不知不觉中被监视，莫名其妙地遭检查，使人觉得山城重庆大大小小每一个角落几乎是危险无处不在。

在学校办壁报、搞抗日宣传和阅读课外书籍之类的活动，感受到严密监视，或被明令禁止不能再搞了。甚至连学生在学校里唱歌，外出郊游都受到限制和干涉，也不能再组织了。

在反共浪潮的冲击下，不少同学消沉了。即使是那些一向冲锋在前的同学，这时也沉默了下来。

怎么办？今后我如何按照党的要求，联系群众、宣传群众和组织群众呢？江竹筠感到沉闷、窒息。她急于想找党组织谈谈。

江竹筠没想到，党支部负责人却主动找她来了。对方像是从脸上早就看出她心事似的对她说道："同志，现在你觉得在学校里很难开展工作，是不是?"

"是呀!"

"上级已经考虑到这一点了。让你换换环境，派你到一个新的地方去工作。不过，你必须做出终止学业的牺牲。江竹筠同志，你愿意吗?"

"组织让我去哪里，我都愿意。"

"那好。"支部负责人告诉她，"记住，明天下午三点你去上清寺车站。你手里拿着这本书，就会有人来和你接头，对方拿的是一本《机械原理》。"

支部负责人将一本《化学》书交给了江竹筠，她小心地收藏起来。

江竹筠还从未这样去和不相识的同志接头，她不知道自己将要见到的人是个男同志，还是女同志；她不知道组织将要把她安排到一个什么环境中去为党工作。

江竹筠怀着一颗忐忑不安的心，准时去了上清寺车站。她没想到，刚走进车站，把那本《化学》书拿在手上，就看见一个身材高大、皮肤白皙、精力充沛的男青年迎面向她走来。男青年雪白的衬衣外，套着一件蓝色布衣，一副技术员打扮，手中拿的正是一本《机械原理》,《化学》和《机械原理》两本书刚好相对。

“噢，江姐，”男青年笑着打了个招呼，“你想搭车进城去？不，不要去了，表哥到上清寺来了。他正等你呢!”

男青年就引着江竹筠向牛角沱河街走去。男青年若无其事地看了看前后左右，一边走，一边悄声告诉江竹筠：“我叫魏新学，公开身份是一家工厂的技术员。川东特委的老宋叫我来接你的。”

前面，就是牛角沱码头。轮渡划子正在将急于过江的人，一船船载过江。江岸边，停泊着望不见头尾的大小木船。江岸的岩石上，三三两两坐着在那里小憩的人。

江竹筠挽着魏新学的手臂，就像一对年轻的恋人，沿着江岸漫步走去。

走不多远，江竹筠就发现有一位目光炯炯、比魏新学年长、明显老练而又十分精干的人，面向他们走来。魏新学悄声告诉江竹筠：“他就是川东特委的老宋同志。”

他们三人就在一块大石头上坐了下来。老宋一边望着鸣咽流逝的嘉陵江水，一边对江竹筠说：“组织上今天通知你到这里来，是想调你出来担任一项极其重要的工作，并同时听听你的意见。”

“一项极其重要的工作?”江竹筠不禁小声询问，“我干得了吗?”

老宋像没听见江竹筠这话似的，向她和魏新学说道：“现在，重庆市区已经扩大了。新的市区里，我们党员同志的人数大大增加了。由于特务活动日益猖獗，党的联系工作十分重要。为了加强党的联系工作，川东特委决定成立重庆新市区区委。今天通知你们来，就是向你们宣布这个决定。这是一项非常机密、非常重要、又非常危险的工作，川东特委希望你们把这项光荣而又艰巨的工作承担起来。”

老宋郑重严肃的声音，使江竹筠眼前瞬间浮现出了她在竹林小溪边入党宣誓的情景，她不禁握紧了双拳，全身热血沸腾，充满了不怕一切艰险、为党献身的豪迈热情。她凝视着老宋，庄严地点了点头。这时，她还瞥见，魏新学也庄严地点了点头。

老宋又信任地向她和魏新学点了点头，随即宣布了任命魏新学为新市区区委书记、江竹筠为区委委员的决定。

老宋将新市区的女党员、包括化龙桥、沙坪坝一带学校中的党员名单都交给了江竹筠，要她按照“隐蔽精干，长期埋伏，积蓄力量，以待时机”的方针，直接单线联系这些同志。

老宋刚将应交给江竹筠的工作布置完，她的脸庞刷地一下子红了起来。为了党的工作，她不怕任何困难，而且早已将个人的生死置之度外。但社会阅历少，工作缺少经验的她第一次接受这么复杂和重要的工作，总觉得肩上的担子有千斤重，一下子不知由何处下手。因而她实事求是，又十分坦诚向老宋说道：“老宋同志，我不曾做过这么重要的工作，你能给我具体的帮助和指导吗？”

“当然可以。”老宋看了看江竹筠，认真地说道，“小江，不是能不能给你帮助，这是我的责任啊！我过去也没有做过地下工作，也是我的上级领导教我的嘛。”

“老宋，警报！”

随着魏新学的一声喊，老宋、江竹筠的目光都不约而同地向对岸高处望去。只见对岸山上升起了一个红球，接着又升起一个红球。

那是空袭警报。日本的飞机对这座城市不知空袭过多少次了。每年雾季之前，这座城市几乎就被炸成了一片废墟，只有到了雾季，浓雾笼罩住了这座城市时，人们才有机会重新修建它。日军有时对这座城市实行“疲劳轰炸”，连续七天，几乎时时都有日寇的飞机在这座城市上空投弹、扫射。

老宋回头看看岸边的防空洞，又看了看三三两两散在岸边不慌不忙的人流，就对魏新学、江竹筠说道：“再升一个红球，我们也来得及进防空洞。我知道目前党交给你们的艰巨工作任务，都是你们没有经历、没有做过的。现在，我们就研究一下今后的工作如何开展吧。”

江竹筠从一个学生中的一般党员到成为党组织的负责人，面临的是全新的工作内容，全新的工作环境，全新的生活方式。

她的工作变得十分繁忙，几乎每天都处在高度紧张的战斗之中。她选择的社会职业是在重庆妇女慰劳总会做办事员。每天早上，她得从观音岩临华街的家中步行去曾家岩上班。下班后，她才能够安排时间去单独联系组织上安排她去联系的同志。距曾家岩较远的沙坪坝、磁器口一带，因为公共汽车极少，不宜搭乘，只能利用节假日去联系。

化龙桥一带，有马车来往，来去还比较方便，但为了节省车费，她常常步行来去。

因为步行多了，面临的危险也就增多了。江竹筠不仅随时要提防日寇的空袭，留心沿途哪里有防空洞可以暂时躲避，还要保持高度警觉，特别留神沿途何处暗设有特务的监视哨，和随时都可能碰到的、利用各种人物身份跟踪、刺探的可疑人。老宋在牛家沱对她和魏新学的那次秘密谈话，已经过去多日了，但老宋同志的谆谆嘱咐，却仿佛总在她耳边回响：“你任何时候都不要忘记，你的一言一行都要和你公开的社会身份相一致，不能带有丝毫地下工作者的表现；你和任何人见面前，就要先约定好你们的社会关系是什么，尽量多了解一下对方的基本情况，见面时就要准备被捕，准备好口供……”

“看不出的领导是最好的领导”，“最普通的人才是最秘密的人”，老宋同志的这两句话对江竹筠的启发和教育特别深刻。她总是用老宋的话去规范自己言谈举止，把老宋同志对敌斗争的宝贵经验运用到工作实践中去。她要去向同志们传达文件或口头意见时，总是先将文件或口头意见记熟，直至可以一字不差地说出，她才出发。她去学校联系，就着一身学生服，一点儿也不引人注目。她是新市区区委委员，在同志们面前从不以领导者自居，而是像他们的知心朋友；对同志她不仅布置工作，提出要求，而且从生活上关心照顾，体贴细致入微；她任劳任怨，总是把最危险的工作留给自己，把方便让给别人。因此，赢得了大家的敬重，大家都亲切地称她为“江姐”。

江竹筠注意在斗争中锻炼自己的胆识，并牢牢把握斗争的主动权。江竹筠从观音岩临华街的家到曾家岩妇女慰劳总会上班途中，要经过军统和中统两大特务机关总部。江竹筠没有避开绕行，而是拎着包天天从容而过。并且江竹筠还将进进出出的许多特务面孔记熟了。

隔不多久，江竹筠就要略为打扮一下，和新市区区委书记魏新学见一次面。见面的地点常常约在南区公园。这个地点距他们俩的工作地都不远。他们俨然是一对年轻的恋人，手挽手地在公园里漫步，传达上级指示，交流工作情况。

魏新学公开的工作职务是经济部水工仪器厂的技术员。他将每月领到的工资，除留下伙食费外，全交了党费；江竹筠也像魏新学一样将社会职业得到的工资，除留下一点交通费外，也全交了党费。新市区区委没有经费来源，就靠党员交的一点党费维持正常运转。

魏新学是个技术过硬、工作扎实的技术员，江竹筠是个少言少语、任劳任怨的办事员。他们是社会上最普通的人，也正是最秘密的人——地下党新市区区委委员。

魏新学只有十九岁，江竹筠二十一岁。所以当魏新学第一次见到江竹筠时，就自然而然地叫出了“江姐”这个亲切的称谓。这个称谓慢慢成了江竹筠的代称，一直延传了下去。

“妈，你在哪里？”

江竹筠进了屋，却不见妈妈的踪影。心里正在纳闷：门不是开着的吗？门前的摊住上也没有人。她刚叫一声，只见妈妈从黑黝黝的屋角里走了出来。

妈妈脸上洋溢着会心的笑容。是多日不见的女儿平安归来了，才使她这么高兴，还是另有原因？

江竹筠高兴地向妈妈迎上去，才发现妈妈的目光中闪着几分神秘，妈妈拉过江竹筠的手塞了一张很小的纸条。

江竹筠将那张纸条摊开，才知道那是一张内容极其重要的纸条，是很久没有音讯的老宋同志写的。纸条上就只有这么两句话：

明天上午十时，女青年会有个讲座，你想去听听吗？

啊，听说那里新开的咖啡店不错，你没品尝过吧？

江竹筠看过纸条后，就立刻把纸条烧毁了。“上级党组织有了新的声音，新的工作安排……”江竹筠心里一阵激动。

妈妈忙着做饭。她帮妈妈在门前照料摊位，前一个时期的情况突变，不禁又历历在目：

一年来，她在新市区区委的工作开展得十分顺利。但让人竟想不到事情却发生了。一个阴雨淅沥的早上，她和魏新学像往常那样，一边在南区公园弯弯曲曲的小路上散步，一边坦诚的交换工作意见。忽然，江竹筠眼角的余光中有个戴鸭舌帽家伙，正藏在夹竹桃林后面，偷偷向他们这边窥视。她悄声提醒魏新学，他也注意到了。隔了一周，当她再次去南区公园与魏新学接头时，他们俩又都看见了上次那个对他们进行监视的家伙。他们将这一情况迅速向老宋作了汇报，老宋当即决定：要她和魏新学停止工作，立刻撤走。从此，她就离开了那些联系地点，也辞去了妇女慰劳总会的工作。

为了防止可能发生的意外，江竹筠曾转移去了綦江铁矿，以会计身份作掩护，后又曾和何理立一道去政治部第三厅合作社工作。

现在，老宋又与她取得了联系。肯定是有极其重要的事情告诉她，明天她一定准时赶去那里见他。

重庆女青年会在中山公园旁边，它濒临长江，可以听到奔腾汹涌的江涛声，是处环境优美的交谊场所。

这天上午十时，江竹筠准时去了女青年会。

女青年会门前，果然张贴着讲座的海报。三五成群的青年男女，正向讲演厅走去。咖啡厅这时显得清静多了。江竹筠抬眼就看见临江边的一处摆着高靠椅的雅座间里，老宋同志早已坐在那里等她。

江竹筠就在老宋对面的椅子上坐了下来。服务员给她送来一杯咖啡。

老宋向雾茫茫的长江扫了一眼，回过头来，一边看看空荡荡没有几个客人的咖啡厅，一边就对江竹筠说道："看来，过去的事情早已过去了。我今天约你到这里来，是想和你商量一下：有一个非常重要的工作，眼下需要一个既坚定勇敢，又十分细致的女同志去做。就不知道你是否愿意？"

"老宋，"江竹筠小声回答道，"只要我能做，组织需要我去做，我一定会全力以赴去做的。"

“这件事，你一定能做。而且，我相信，你一定会做得好。”

“那，就快说吧。”

“为了防止敌特无孔不入的破坏，党组织最近决定，在组织上还要进一步调整。一些区、县组织撤销了，许多党员关系也暂停联系，只留下少数骨干，建立了个别单线联系网。其中有一个同志有很好的社会职业作掩护，他负责联系的党员数量比较多。但他因为没有家眷，住在单身宿舍里，联系不便，而且极易暴露。考虑到他的工作极其重要，急需安排一位党性极强的助手，组织上才决定调你去和他假扮夫妻，以夫妻身份出现，让他从单身宿舍中搬出来，建立一处便于联系的‘家庭’据点。”

江竹筠的双颊不禁“刷”地红了。

老宋将目光从远处收回来，关切地凝视着江竹筠，仿佛在询问和提醒她：“接受得了吗？有困难，就说吧。”

“老宋同志，”江竹筠咬咬牙，终于对老宋说道，“组织上分配我做的事，我一定尽力去做。”

需要和江竹筠组建“家庭”的这个同志，是当地下党重庆市委员彭咏梧。他公开的社会职业是中央信托局的中级职员。

彭咏梧有了“妻子”，便从信托局的单身宿舍中搬了出来。

从此，江竹筠便成了“彭太太”，成了这个新组建的“家庭”的“主妇”。

这完全是革命的特殊需要，由组织决定组建的、特殊环境中的特殊“家庭”。江竹筠正是由党派到这个“家庭”中的“彭太太”。实际上，这个“家庭”是一处极为秘密的党的工作机关。由老彭联系的一些党员，需要由老彭向哪里传达的党的工作意见；老彭有时顾不过来的，就常让她出面去联系和具体传达；上级的负责同志有什么需要向老彭交待的，在环境不允许直接见面时，也可通过她转达。在那斗争异常激烈、形势错综复杂的年代，她有做不完的工作，常常需要昼夜不停地奔走。

江竹筠这年二十三岁。像她这样年龄的年轻女性，朝夕和一位男同志生活在一起，又要使邻里的人看不出是假夫妻，特别是使别人根本不可能产生一点儿怀疑，她真不知要克服多少令人难以想象的困难。

彭咏梧是待遇特别丰厚的中央信托局的中级职员，他们在外面的"家"，就得像个样子，就得租住好一些的房子，还得买进像样的家具摆设。作为有这样社会地位的"彭太太"，她的衣着打扮和与人交往时的言谈举止，全需要按照这样的身份来调整；尽管这使有着长期贫困生活经历的江竹筠感到十分陌生，性格上常常感到不习惯，非常别扭，但也还是不露痕迹地一一做到了。

曾在新市区委机关工作过的江竹筠心里十分明白：党的经费完全靠党员交纳的一点儿党费来筹集。老彭的全部工资收入除了维持这个"家"——党的秘密工作机关的开销之外，还应该尽可能节省一点，作为党的活动经费，绝不再另外向党伸手。她外出做地下工作时，有时需要交通费，她就从平日生活节省下的一点中开出。出外工作，免不了需要在外面用餐，而且像她那样身份的阔太太，只能出入大餐馆，用高档的饭菜，但一想到那会花去许多钱，就坚持不进餐，而是就近寻熟朋友处，借口吃腻了大鱼大肉，喜欢换换口味，让人买来烧饼充饥。

彭咏梧上班在中央信托局从事业务工作，下班回到"家"里以后，便全力以赴开始党的地下工作。中央信托局或金融界的朋友来访，都由她这位热情大方、知书达礼的"彭太太"款待。

江竹筠注意到，老彭由于经常没日没夜地拼命工作，身体有时显得十分疲倦，加上还患有肺结核，这更时时牵动着她的思绪，她觉得自己再苦、再累、再困难，也必须把老彭照料好。她除了尽力多承担一些老彭的工作，减轻他的工作负担，缓解他的精神压力外，在生活上还给予了细致入微的照顾。她每天起早去市场买些老彭喜欢吃而又有营养的食品，回来精心做好，盯着老彭吃下去。由于江竹筠这个“得力助手”帮助和照顾，老彭的身体一天天好了起来，精力更充沛，工作也更有劲了。上级党组织交给的各项任务完成得很出色。

在“家”的掩护下，党的各项工作开展顺利。江竹筠此时的心情如同窗外春光明媚的天气，清爽而又愉快。这是大雨过后的一天，雾早早散了。

江竹筠今天有许多事情要做。早上买了菜，回到“家”之后，去朝天门、小什字一带送信都十分顺利。所以，便计划再去民生路、七星岗。

江竹筠拎着个皮包，不快不慢地向民生路走去。

广播大厦、《新华日报》营业部的房舍，都呈现在眼前。

近了，江竹筠却意外地瞥见：特务机关在《新华日报》对面和侧面设置的监视点，此时竟空无一人。

更近了，从《新华日报》营业部走出来、腋下夹着几本新书的青年，因为没见到有特务贪婪目光的追踪，正兴冲冲地从江竹筠身边擦过。这情景使一直处于紧张斗争生活的江竹筠也不禁放慢了脚步，将目光投向营业部里面。

营业部里，三两个工作人员井井有条地正在那里紧张工作。有的正伏案登记，有的正在将新书搬上书架。

已经来到营业部门口了。江竹筠目光一闪，《母亲》、《钢铁是怎样炼成的》这两本书的封面，蓦地吸引住了她。她见从那里进进出出的读者，还是那么无所顾忌地随意来去，她一迈步，也小心地走了进去。她付了款，将《钢铁是怎样炼成的》这本书放进皮包里，然后小心地匆匆离开了营业部。

一切都非常顺利。江竹筠又想去七星岗一带联系，了解情况，顺便去观音岩看看多日不见的妈妈。

从民生路《新华日报》营业部去七星岗这条路，她走过多次了。那段公路的坡度特别大，人力车工人常常只得匍匐着身子，弯弯曲曲地向坡上行进，才能将车子从民生路拉到七星岗上去。从七星岗向民生路走，那可是一条非常惊险的下坡路，人力车工人只消将双脚在坡上一点，然后将双手紧握住车杆，双脚随即离地将身子悬在空中，车子便飞也似的向坡下滑动了。直到车子滑完那段陡坡，人力车工人才双脚着地，在地上点一下，又将身子悬空一段路随着车速的渐渐减缓，工人双脚才最后落地，开始了按正常的速度拉车行进。

敢在这段路上向下滑车的人，都是些有经验的人力车工人。车子在这段陡坡下滑的速度极快，谁想在后边超过它，那是绝无可能的。

江竹筠沿着这段特别陡的公路，从人行道已缓缓走上了七星岗比较平坦的街道。

一个头戴礼帽、耸着肩头的人，忽地闪现在江竹筠的身前。看不清这个人的面孔，却发现这家伙一边向前走，一边总是向街边店铺的玻璃窗内看着什么。

江竹筠停住脚步，那个家伙竟也收住了向前移动的脚步。

江竹筠一闪念间，立刻记起来了：自己开始从民生路向七星岗上坡时，就是这个家伙曾在公路对面的人行道上踽踽而行。却不知从何时开始，竟已蹿到街的这一边，走到自己的前面去了。而且，这时街对面的人行道上，还有这家伙的同伙！

尾巴！江竹筠强烈意识到：自己被两个特务盯上了！必须立刻将这尾巴甩掉！

一辆没有坐人的人力车正缓缓来到街边。就只这一辆，街边再没有别的什么人力车。江竹筠突然拦住这辆空车，跳上去，吩咐人力车工人向民生路快走。同时侧目向街对面的那个正对她监视的家伙扫视了一眼。只见那家伙一闪身，就向街对面的同伙走了过去。但她此时却已经看不见那两个家伙的身影了。人力车已冲入七星岗到民生路间那段陡坡。她只觉得耳边呼呼生风，人力车工人的整个身体已悬在空中车子正飞也似的滑向几十米之外的坡下。

等到车子刚一开始平衡前行，可以停车时，江竹筠马上吩咐工人停车。她匆匆付了车钱，就一头钻进了邻近的小街，把尾巴甩掉了！

出事了！江竹筠想，必须将这意外发生的一切，向组织上报告。她快速拨通了和老宋同志紧急约会的电话。

半小时后，江竹筠就见到了老宋同志。

老宋同志静静地听完江竹筠的报告后，随即向她说道："我们做地下工作的同志，最忌讳的是跑'红'啊！"

"跑'红'?"

"像你这样担负有党的重要工作任务的同志，不能去党的公开机关。去了，就完全可能长上'尾巴'，这是非常危险的。"

"那，该怎么办?"

"你虽然把他们甩掉了，但他们已经认识你了，肯定还会找到你。"老宋同志立即果断决定："竹筠同志，为了党组织的安全，你必须尽快撤离这座城市。这里的一切工作，你都不要再管了。怎么撤离，去何处，我会马上给你做出安排的。"

一名成熟的大学生

1944 年初夏，江竹筠怀着对妈妈、对战友无尽的留恋之情，匆匆告别了山城重庆，来到川西平原上的成都。

老宋在临别之际，对她叮咛：“你的组织关系仍然留在重庆，保留在彭咏梧那里。没有十分必要的事情，不要直接联系，今后的联系方式，我会设法通知你的。你在成都，一切要靠你自己做主，学会独立地开展党的工作。”

到了成都，江竹筠就想着：过去，自己在工作中遇到问题，可以同魏新学商量，可以向彭咏梧和老宋同志请示；现在，自己要学会独立判断，独立做出决定了。问题是，面对新环境和新的情况，自己该如何下手，开展党的工作呢？

让江竹筠备感兴奋的是，何理立也撤到成都来了。另外，江竹筠原先在重庆熟悉的庞佑宗这时也正在成都工作，住在工作单位的集体宿舍里。她和他们在成都重逢之后，彼此的话题，最后不约而同地集中到了一点上：怎样帮助她在成都落下脚？

能帮她找个合适的职业吗？连年战事，到处是失业的人群，本来社会就业机会就极少的成都，如果没有非常特殊的社会关系，根本不可能找到合适的社会职业。

唯一可想的办法是报考大学。只要能考取成都任何一所大学，就便于在成都合法地留下来。如果能考入成都规模最大、历史悠久的四川大学，除了可以合法地居住下来，而且还可以在这所规模最大、师生最多的学校里，更便利地开展党的工作。

应该是自己做出选择的时候了！但江竹筠心里也明白：她只读过一年半的高中课程，以高中三年级毕业的身份去报考，很难说有把握。何况，她已辍学几年，在辍学期间，她把自己的全部精力都集中到为党工作去了。再者说，要考的大学又是这样一所录取分数线较高的名牌大学。

这时离考试仅剩两个月时间。“老宋不是叮咛过自己要学会独立开展工作吗?”她想，“共产党员面对一切困难，只有勇敢地、毫不迟疑地冲上去!”她终于鼓足勇气对何理立、庞佑宗说道：“现在我考虑好了，下决心报考川大吧!”

“真的?”

“就这么定了。”

“我们能帮你做点什么?”

“我还缺一个高中文凭呢。”

“这不要紧。”庞佑宗看看何理立道，“一定帮你找一份高中文凭。”

“还有什么?”

江竹筠想：这可是件大事，还应该马上给重庆写封信，向组织报告才是。但她没把这事讲出来，只是说：“此外，我就什么也不需要了。还有两个月，我得充分地利用这点时间，将高中三年的课程，包括没有学过的功课，全部补习完。”

成都夏季比重庆凉爽，但比重庆明显潮湿气闷，蚊虫也多。江竹筠这时仿佛什么也感觉不到了。夏季酷暑的闷热，蚊虫的“嗡嗡”叫声，汗珠浸湿了课本，她似乎全没有在意，也不知道自己曾否伸手去驱赶过蚊虫，擦拭过自己脸上、手臂上的汗珠。

在她考试复习的攻坚时刻，重庆老彭同志的回信，更使她勇气倍增。老彭的回信，当然是经过老宋批准的，而且是老宋让老彭代表组织给江竹筠回的信。信上说：“有志者事竟成！愿你能早圆大学梦，实现你多年以来的理想和抱负！”

报考必备的高中毕业文凭也借到了！不过包括她的姓名、年龄等都得因此而全改了。

江竹筠拿着这张文凭报川大时，她在报名处填写自己的姓名、年龄、籍贯等项目时，就开始暂时忘记了自己的真实姓名，而是写的她冒名顶替的那个姓名：江志伟……

两个月的刻苦学习，复习完了高中三年的课程，终于使江竹筠一举夺得了这场考试胜利。

她，一个当年袜厂的童工，孤儿院小学的毕业生，日寇飞机狂轰滥炸下读完的初中，后来只读过一年半高中的江竹筠，现在终于成为四川大学农学院植物病虫害系的学生了！

当她办完所有入学手续，住进川大女生宿舍以后，才得到妈妈早已在重庆逝世的消息。妈妈是在她从重庆撤退到成都，正全力以赴复习高中功课时，辞别人世的。她没有能和妈妈见上最后一面，为此，她深感痛楚。妈妈操劳一生，辛苦一声，奉献一声，把全部关爱都倾注到自己和弟弟身上……这一切都勾起她对妈妈的深深怀念。而妈妈在困境中顽强不息、艰苦奋斗的精神将永远激励自己为党的事业勇往直前地工作。

“最普通的人才是最秘密的人”，老宋曾经向她说过的话，成了江竹筠规范自己在川大学习生活的准则。上了大学，已成为一名大学生的江竹筠，始终没有忘记自己首先是一名共产党员。在重庆做“彭太太”时，为了适合那样人的身份，她不得不穿得雍容体面。在川大，她常穿的就是普通大学生穿的一身衣服：秋天是蓝布旗袍，冬天则在旗袍外套一件红色绒线衣，夏天则穿一件浅色短袖旗袍。显得朴素、庄重、大方。在常人眼中，她就是一名地地道道的大学生，没有人能看出她是一名地下工作者，一名共产党员。

江竹筠始终牢记着党组织曾一再叮咛的话：每个共产党员，无论何时何地，都要做到“勤学、勤业、勤交友”。她深深懂得，虽然经过突击学习，她考上了川大，但基础课程的欠缺，使她对有些专业课理解还是很吃力的。比如，大学的化学课，因为中学时没有涉及过，就觉得学起来很费劲儿，而这门课又是植物病虫害系的一门主要课程，她必须加强自学，将这门功课赶上来。正因为她有这样强烈的求知渴望，所以，她每门课总是专心听老师讲课，从没有缺过一次课，课后就认真抓紧自修，当天的课一定在当天复习完，当天消化弄明白，这是她在小学就养成的良好学习习惯。由于她的刻苦努力，到川大不久，她的各科成绩就都赶了上来。

这就给江竹筠在川大广交朋友创造了条件。按照老彭转达的党组织对她的工作指示，要她配合当地党组织，多做联系群众、宣传群众、发动群众的工作，尽力壮大革命力量。她通过观察发现，川大“文学笔会”在同学中影响不小，就参加了这个社团，以笔会友，和同学们在活动中，加强了解，交流体会，增进友谊。川西地下党的外围组织——中国青年民主救亡协会要发展她入会，她加入了，但不参加领导工作，而是十分认真地注视着它的一切活动，一旦发现有了什么问题，就以同学间相互谈心的方式进行沟通，形成共识。

江竹筠入川大上学的1944年秋，正是抗日大后方民主运动蓬勃兴起的时候。10月4日，成都五所大学在华西坝发起举行国是座谈会，响应中国共产党的号召，响亮地喊出了“结束国民党一党专政，成立联合政府”的口号，参加座谈会的2000多名师生，迅速将这一号召传遍了成都。11月11日，为反对成都市长和警察局长镇压女中学生事件，成都近万名学生集会示威游行。1945年5月4日在华西坝举行了盛大的营火会，共由108个团体发起，几千人参加，会议号召发扬五四精神，反对国民党独裁统治。这年昆明“一二·一”惨案发生后，成都大中学校师生立即成立了后援会，给予声援。江竹筠密切注视着时局的发展，默默地团结群众参加斗争。江竹筠冷静地观察着斗争中可能出现的问题，未来发展方向，她显然更成熟了，是四川大学中一名成熟的大学生。

身在成都四川大学读书的江竹筠，也时常回想起在重庆和老彭朝夕相处的日子。每当接到老彭的来信，她的心总是“怦怦”跳个不停。而在她给老彭的信中，字里行间流露出对老彭工作和身体的牵挂。老彭也时时关注着她的学习和生活。他们俩人在一起时不曾想过的事情，如今就要发生了——他们相爱了！一九四五年彭咏梧向江竹筠提出了结婚请求，并得到党组织的批准。当年的暑假，江竹筠回到重庆，与彭咏梧结为伉俪，成为真正的夫妻。但他们商量，在组织安排不变的情况下，婚后江竹筠仍回川大继续上学。

依然在四川大学校园里勤奋学习的江竹筠，此时，她正强烈地感受到暴风雨就要来临，而且是异常猛烈！

昆明爱国学生发起的反对美国干涉中国内政，反对全国内战的爱国运动，遭到了国民党政府的血腥镇压。重庆各界人士发起的庆祝政协会议成功的群众集会，竟遭到国民党特务的破坏，一再大打出手，制造了骇人听闻的沧白堂事件和血腥的校场口事件，使一大批反对内战，为民主、为和平而呼号奔走的全国著名民主人士以及无数工人、学生遭到毒打、逮捕、枪杀。成都各界人士声援昆明“一二·一”血案，声援重庆沧白堂、校场口受害者的正义行动，同样遭到国民党反动派的残酷镇压！

久经战乱、渴望和平的中国人民，眼睁睁地看着国民党反动派在美帝国主义的支持下，一方面高举着“和平谈判”、“调停内战”的旗号；另一方面却由美国出动飞机、舰艇、车队将数以百万计的国民党军队抢运到内战前线，在长城内外，在长江、黄河两岸，在中原大地，对解放区、对中国共产党领导下的人民军队展开了全面进攻，把全中国推进内战的血海之中！

江竹筠在川大校园里，时时都看见一批又一批的同学正在觉醒，勇敢地奋起投入反对美国干涉中国内政，反对国民党反动派发动内战的斗争！

她十分高兴地看到，斗争中成长的青年学生比抗战初期的一代青年更成熟了；在中共地下党和外围组织的领导下，他们不仅敢于斗争，而且善于斗争！

随着形势的发展和斗争的艰巨，江竹筠想到，老彭和重庆同志们的工作担子一定更重了！也许，她很快就将回到重庆，参加新的战斗了！

1946 年 4 月，她的儿子云儿在成都出生。1946 年 7 月，就在江竹筠渴望投入紧张斗争的时候，她得到组织上的通知，抱着云儿，终于又回到了山城重庆。

正像她想到的情况一样，她的战友、丈夫彭咏梧这时工作担子极重，在地下党重庆市委委员中，不仅分管全市学生运动的领导工作，还领导着川东一部分地区党的工作。

按照组织决定，江竹筠回重庆后，就立即将党的秘密机关筹建起来。她以中央信托局职员彭咏梧的名义，在重庆大梁子租了住房，买了一些家具，带着云儿，安置了一个适合彭咏梧身份的家，党的秘密机关又恢复了正常的工作。江竹筠家原在观音岩那间旧房，是当年江竹筠的三舅给妈妈的，妈妈去世了，房子如今还空着，尚无人租住过；那间旧房所处的位置适合做过往同志的临时落脚的地方，她就将旧房改作为党组织的秘密客栈，专门用以外地过往同志的住宿。

作为彭咏梧的工作助手，江竹筠还必须寻找一个合适的公开社会职业，以便外出联系。她的三舅李义铭是敬善中学的董事长，江竹筠通过这个社会关系，在敬善中学谋到了会计工作的职位。为了有效地开展工作，她又根据组织决定，选择已经过长期考验的可靠关系，在城区建立了通信联络点。

在家里，江竹筠是彭太太、家庭主妇。出家门，她是敬善中学的会计。为了全身心地投入党的工作，她已给云儿找了一位可靠的妇女作保姆，照顾云儿的日常起居。

全面内战爆发后，中国国内形势的变化已超乎人们所料。1946年12月圣诞节之夜由美国强奸北大女生沈崇而在全国引发的抗议美军暴行的示威游行，在重庆也形成规模强大的示威活动。1947年春天，重庆这场反美抗暴运动刚刚过去，在重庆设立的中共四川省委机关和《新华日报》竟立即被国民党军警包围并将其所有工作人员遣返延安。国民党军队在向解放区发动全面进攻受挫后，不得不改为重点进攻，1947年3月14日，向中共中央所在地陕北延安发动了大规模进攻，占领了延安。

江竹筠非常清醒地意识到：革命力量与反革命力量之间的一场生死大搏斗，正在中国大地上全面展开！

让暴风雨来得更猛烈些吧！江竹筠在夜以继日紧张地协助彭咏梧工作的同时，她已强烈地预感到：在这决定国家和民族前途命运的时刻，地下斗争会越来越激烈，越来越残酷，越来越复杂，老彭和她还应该为党完成更重要的工作，担负起更重要的责任来！

云儿已从乳婴一天天长大，学走路了。为了迎接暴风雨，江竹筠想到：孩子该断奶了，把他托付给人带……

江竹筠在结束大学生活后，她不仅严肃认真地协助彭咏梧做好党的秘密机关的日常工作，而且利用自己大学生的经历和对学生运动工作熟悉的有利条件，积极协助彭咏梧做好学生运动的领导工作，引导学生运动按照党指引的方向健康发展，并通过学生运动，为党发现、培养和输送优秀进步青年。

在重庆——美蒋反动派发动全面内战的后方，已经形成了我们党坚强领导下的、以大中学校为基地的反美抗暴、反饥饿、反内战的爱国学生运动的第二战场。一代青年不畏强暴，反对美国干涉中国内政，反对内战的正义斗争得到广大群众的支持，给了美蒋反动派以沉重的打击！在这个第二战场上进行的斗争，极大支持着前方我们党领导的人民军队与国民党反动派军队的作战，鼓舞了全国人民的斗志，也从敌人后方动摇了敌人的反动统治。

在这一场场伟大的爱国学生运动中，重庆的许多大中学校江竹筠都亲自去过。女师范、西南学院、育才学校党支部的同志，每次运动中表现突出的同志她都十分熟悉。她了解他们，支持他们，及时地指导他们，他们年轻、勇敢、坚强的面容深深印在她的脑海里；而在他们这些热血青年的心目中，她是一位坚定、果敢、沉着、细心、热情和让人信赖的“江姐”。

参加过“一二·一”学生运动、从昆明西南联大转移到重庆工作的几位同志，给江竹筠留下了深刻的印象。原西南联大学生自治会主席、昆明学联主席齐亮，他热情认真、从容不迫、一丝不苟的工作作风，让人觉得踏实可靠；出身于富豪家庭的刘国鋕，大胆、泼辣，敢打敢冲，却又能严守纪律。他们都富有结交朋友、联系民众的能力。而他们又都是联大二支部的，他们结交朋友的能力正是在联大，在革命处于低潮的恶劣环境中锻炼出来的。在昆明时，齐亮结交的朋友特别多，靠的不仅是自己的功课好，而且特别热情于为同学服务。那时候，物价飞涨，学生伙食特别糟，齐亮不计一切地用心为同学办伙食团。由于伙食团办得非常好，他很受学生们欢迎，选举学生自治会主席时，许多同学都投了他的票。1946 年到重庆后，齐亮担任了《新华日报》的记者，他的工作面更宽了，但对学生的爱国运动始终是十分热情地关注和支持。

刘国鋕在重庆的公开社会职业是四川省银行的职员。由于这家银行和他富豪家庭的特殊关系，他在银行里拥有几间可供自己支配的房间。实际上，他把这些房间全部交给了党组织使用。他的这种特别身份对他从事党的地下工作，无疑是十分有利的，但同时也常为一些年轻、单纯的同志所不理解和另眼看待。刘国鋕负责联系重庆大学的工作。重庆大学有位年轻、泼辣的女同志曾紫霞，尽管也知道刘国鋕的家里曾几度安排他去美国留学，因为他坚持留在国内参加斗争，被他一次又一次地拒绝了，也认为他算得上是一个把党和革命利益看得高于一切的人，但同时却始终觉得他摆脱不了那个家庭的影响，还是刘家的大少爷。有一天，因为工作关系，曾紫霞和另一女同志进城去找刘国鋕。谈完工作，已过了吃饭时间，刘国鋕就带着曾紫霞她们一道去饭馆吃饭。饭后，倔强的曾紫霞坚持不要刘国鋕这个刘家少爷付钱。事后，刘国鋕才知道，曾紫霞她们因为付这顿饭钱，把身上的钱全部掏光了，连回校的车费也没有，最后，她们只得步行回到沙坪坝去。

刘国铥和曾紫霞接触久了，对她产生了爱慕之情。可让刘国铥没有想到的是，当他和她在重庆大学女生宿舍谈完了工作，他向她袒露心怀，说出了自己的心事时，竟被曾紫霞强行推出了房间，并立即将房门关上了。刘国铥在外敲门，曾紫霞不理睬。刘国铥急了，说："紫霞，还有工作呢！"曾紫霞这才把门开了，说："有工作就赶快说！还是像往常一样，我送你去车站。"

江竹筠对他们有着深深的了解，她以女同志特有的细腻情感，为他们这些年轻人触开情感上的疙瘩。因此，也得到了他们的尊敬与信任。为了全面掌握每一个学生运动骨干的情况，她通过谈心或聊聊家常的方式，了解他们曾经走过的路。有一天，她向刘国铥打听道："西南学院有个名叫罗广斌的同学，对了，已经从云南转移到这边来了，你认识吗？"

"怎么会不认识呢？"刘国铥立即随口答道，"联大附中的嘛！'一二·一'运动时，附中出了名的罢课委员会的负责人，还是党的地下外围组织民青的负责人。齐亮没有向你详细介绍过？"

江竹筠摇摇头，说："那你接着说。"

"要我说嘛，小罗是很不错的同志。"刘国铥道，"他是背叛他那个封建官僚家庭投奔到革命阵营里来的。革命性很强。在'一二·一'运动前后，他还表现了极好的发动群众、组织群众的才干。他会讲故事，善于与群众融为一体，有一套团结群众的本领。紧张的课堂学习之后，他常邀请一些男女同学去郊游、爬山、划船和读书。每一次，他总是热心替同学们准备好饮水、干粮等物品。他在联大附中结交了一大批上进朋友。'一二·一'运动以后，我家里的人怕我卷进了革命，给我发来一封又一封书信和电报，要我准备去美国留学，我这时按照组织决定，撤离昆明，去了云南陆良中学。那是一个偏远的县城，中学里没有几名学生，老师是我，摇铃上下课的也是我。小罗的家中，为小罗选了一位门当户对的千金小姐，让他回去完婚，小罗坚决不答应。家里于是以停止供应学费相威胁，小罗宁肯断绝与家中的关系，也坚决不从。最后，小罗按照组织决定去了云南建水县建民中学。”

“噢，他真去了?”

“听说他在那所中学干得也很不错。还听说小罗在那里经受过刚出校门后的第一次非常困难的考验。他仅在西南联大附中读了两年，因为参加斗争，化学课几乎没有怎么上过。不料，建民中学唯一一位化学老师，那也是地下党组织的同志，要按照党的决定调往其他学校。小罗去了，公开的身份就是理化课老师，组织上希望他把所在中学的化学课教学担当起来，掩护好党的工作开展。组织上将情况如实告诉了小罗后，小罗没有犹豫，没有强调困难，立刻就将这门课承担了下来。他通宵研读化学课本，在实验室练习做实验，而且不辞辛劳，专程去邻县中学化学课老师那里求教，在较短时间里使化学课的教学步入了正轨。随着业务的熟悉，慢慢地他上课只带提纲，不带课本，全靠提前吃透书本内容，认真、灵活地备好课；在课堂上，他讲得明白透彻，逻辑严谨，抓住了知识点；做化学实验，他严格操作程序，手把手的教学生，不仅让学生掌握了知识，还保证了学生安全。他在成为同学们公认的最好的化学老师的同时，还在建民中学培养了一大批向往革命的进步青年。”

“齐亮倒是提起过小罗培养进步青年学生的事。”江竹筠插话道，“他最后撤到重庆来，也是组织决定的。他的父母在成都，他不愿回成都那个家，要求组织把他分到重庆来；可他知道不知道，他的哥哥，做国民党兵团司令的罗广文就驻防在重庆，家也在重庆吗?”

“他怎么会不知道自己的哥哥罗广文在重庆，家也在重庆呢?

前些时候，我曾在重庆偶然碰见过小罗。罗广文曾叫小罗的嫂子邀请小罗去罗广文公馆，他也没去，总是找借口回避了。他到重庆不久，就去了盘溪一所中学教书。现在，他的哥哥、嫂子恐怕还找不到他了呢!”

“是的，小罗是个很好的同志。”江竹筠笑着说，“国镃，你不觉得你和小罗从家庭到个人的个性都很相像吗?”

“是，是很相像。”

“还有，我觉得，小罗现在对待家庭的态度上，处理关系方法上好像是过了一点。背叛他那个封建官僚家庭，是应该的，那是阶级本质的背叛。但是，为了革命斗争胜利的需要，是否也可以利用他这个特殊的社会关系，为党多做一些工作呢？你不就是利用了家庭的关系，在四川省银行搞了这个研究室，为党组织提供了一个安全、隐蔽的活动场所，不一样为党、为革命做出了有效的贡献吗?”

“我同意你的看法。我曾经试图劝过他，让他有时间去他哥哥家走动走动，也能了解一些对党的工作有利的情况吧。”

“好，这件事就拜托你了。”江竹筠说罢，又停了一下，然后又笑了笑轻声问道，“紫霞近来不倔你了吧？我同她谈过，她对你的印象不错。”

“你说呢，江姐?”刘国镃笑道，“你什么都了解了，江姐，你不该总是护着她吧?”

心系《挺进报》

“妈妈，妈妈……”

一声声孩子的甜蜜呼唤，在江竹筠的耳边响起，她清楚地听出，那是她儿子云儿稚嫩的声音。近来，他刚学会了喊“爸爸”、“妈妈”，早上醒来，看到仍然在睡觉的江竹筠，就开始喊个不停。

也许，因为自己没有答应他，云儿便趴到她耳边大声喊了起来。

昨夜整理文件睡得太晚了，所以，总是醒不过来，但一想到今天仍有许多工作要做，又听见云儿在叫，连忙睁开双眼，穿衣起床。

云儿看见妈妈醒了，就撒娇地爬过来，依偎在江竹筠的怀里。江竹筠给云儿喂过奶后，把他托付给了保姆，简单吃了两口饭，就匆匆出了门。

一连许多日子几乎都是这样，夜里睡得很晚，早上却又早早出门。但江竹筠从精神上却一点儿也不觉得累，好像总有用不完的精力。彭咏梧被党组织派到川东领导农村武装斗争去了。老彭在离开重庆之前，根据组织意见，把他过去负责的一部分工作交给了她；

她需要完成的工作任务，一下子就增加了许多倍，她不得不起早贪黑、加班加点地工作。

刘邓大军千里挺进大别山以后，全国解放战争发展到了一个新的转折点，已不再是美蒋反动派调集军队肆无忌惮地向人民解放区发动猖狂进攻，将战火一再在解放区点燃，而是人民解放挥师南下，国民党反动军队节节败退，步步收缩，这场革命与反革命的大搏斗已开始在国民党统治区进行了。为配合刘邓大军挺进大别山，地下党川东临委决定从重庆抽调一批同志下乡，去支援川东农村地区的武装起义。彭咏梧和江竹筠都提出了申请，组织上批准了老彭的下乡申请，却让她继续留在重庆工作。江竹筠送走了老彭，心里计划着下一步工作如何开展，她感到自己肩上的担子更重了。

老彭走时交代给江竹筠的部分工作，多是她熟悉的。但也有些工作，直到江竹筠接手以后，她才了解了具体情况，熟悉了相关的同志。这其中一项最重要的工作，就是继续办好党的重庆地下市委机关报——《挺进报》。地下市委机关报《挺进报》的工作，在老彭下乡前，江竹筠就间接地接触过。老彭下乡后，这项工作就由她全面负责抓起来。

江竹筠十分清醒地看到：全国革命形势发展越好，国民党反动派也就越垂死挣扎，敌后对敌斗争也就更加残酷。在这个时候，既要使在敌后工作的同志和革命群众通过《挺进报》，听到党的声音，得到解放战争的胜利消息，了解我党的政策法令，达到鼓舞、团结和教育广大群众的目的，又要保证《挺进报》的出版质量、印刷安全和发行畅通。其中，安全保密工作是非常重要的。如果一个环节上的稍有不慎，不仅会葬送《挺进报》，还会给党组织带来不可挽回的损失。考虑至此，江竹筠觉得有必要同几名直接参与《挺进报》编辑、印刷和发行的骨干同志谈一谈，提醒大家在革命形势越来越好的情况下，不要麻痹大意，更要时刻保持高度警觉。她觉得，首先应该找的是陈然同志。

年轻、体魄健壮、仿佛总是精力充沛的陈然，是《挺进报》刻写、印刷的主力。他的公开身份是一家修配厂的厂长，同他的妈妈和正在中学读书的妹妹一起住在厂区后面的两间房子中。在他单位居住的那间屋的一角，还有间只能弯着腰进出的小储藏室——就是《挺进报》的秘密印刷所。在这狭小的工作室内，他一个字一个字地认真刻写，一张一张地细心印刷，每出版一期《挺进报》，他总得连续工作几个晚上。为了不使油印机发出"吱吱"的声响，他对油印机作了一次又一次的改进。为使蜡纸能印得张数更多、更清楚，他对刻写蜡纸的技术，反复做了许多试验和研究。白天，他是工厂的厂长；夜里，他走进那间狭小的储藏室，戴上套袖，成了熟练的印刷工人，几乎天天都是这样。山城重庆是有名的"火炉"，而陈然那间小储藏室在酷暑季节，更算是火炉中的火炉了，但每当他走进那间小屋，开始印刷以后，不到工作结束，他是绝不会中途出来的。

又是连续几个晚上的苦战通宵，陈然将刚印好的《挺进报》准时送了出去，才说躺在床上打个盹儿，就听屋外妈妈说："然儿快起，江同志找你！""是江姐找你！"妹妹又顽皮地补充了一句。

"啊，江姐来了，快请她进来。"

陈然还没有来得及把床铺叠好，江竹筠就轻快地进来了。妈妈一直在屋外"望风"，妹妹领进江竹筠后，知趣地走开了。

"江姐，你今天来得好早。"陈然兴冲冲地说。

"你又熬了个通宵？"江竹筠在床边一侧坐下来，关切地问道，"要注意身体，今后的日子还长着呢。"

"没关系，我的身体棒得很！"洗了把脸的陈然弯了弯胳膊，坐在了江竹筠对面。

江竹筠看了看陈然，然后郑重地说道：“今天找你是想再强调一下《挺进报》的安全保密问题。你是知道的，《挺进报》发行以来，对群众的影响很大，当然对敌人触动也就大，已经引起了敌人密切注意。你今后除了更严格地遵守党的秘密工作原则外，还必须停止一切群众工作，停止一切社会活动，尽量减少和朋友的往来。否则，不仅你会遭遇危险，而且还会给党带来重大的损失！”停了一下，江竹筠又进一步说：“这样一来，有些朋友也许会因为你不参加社会活动而发生误解，但我相信，为了党的利益，你是不会在意这些的。”

陈然默默地用心听着，记着。他咬着嘴唇，站起来，紧紧握住江竹筠的手，严肃地说：“现在我向党保证：我会用生命保护《挺进报》的！”

“党组织完全信任你！”江竹筠庄重地点了点头。

《挺进报》的主要内容是刊载新华社电稿。而收录新华社电稿工作则是编辑《挺进报》的第一步。收录工作对《挺进报》而言，是一项长期的、每天都不能间断的、默默无闻的工作。工作内容不仅十分具体，要求又十分高，不能有丝毫的差错。担任收录和编辑工作的刘国铉和成善谋同志对江竹筠表示：“收录电稿和编辑文稿是《挺进报》最基础的工作，我们一定要夯实基础，把基本工作做好，请党组织放心。”

《挺进报》的发行工作是出版《挺进报》的最后一个环节。报纸印出来了，怎样保证发行渠道的畅通，使这张地下报纸安全、及时地发行到全市进步群众手中去，更是一件十分重要、十分危险的工作。为了突破特务的监视、包围和严密检查，《挺进报》的每一次发行，都坚持变换方式，不重复，不形成规律。这绝不是一个人两个人所能完成的工作，而是靠集体的智慧和许许多多同志的配合才能完成。负责《挺进报》发行工作的蒋一苇、陈曦夫妇可算得是《挺进报》的又一主力。冷静、善于思考的蒋一苇与陈然之间的衔接配合非常默契。而当江竹筠一再叮嘱蒋一苇、陈曦夫妻要多注意安全时，蒋一苇却有意轻松地说："别担心江姐，敌人对咱们《挺进报》是邪不压正；害怕的是敌人，不怕的是咱们！"

"光不怕还不行。别忘了，遇事多动动脑筋。"受蒋一苇乐观语气的感染，江竹筠的话语也变得柔和了几分。

"我们会的！"蒋一苇看了陈曦一眼，充满自信而语气坚定地答道。

《挺进报》发行工作责任重大，任务艰巨。蒋一苇、陈曦夫妻把全部精力都扑在了工作上，孩子和家里的生活琐事都由陈曦的母亲承担了起来。陈曦的母亲是一位开明慈祥的老人。她虽然不懂蒋一苇、陈曦他们工作的意义，却知道他们做的是大事，而且有危险。所以，陈曦的母亲对蒋一苇、陈曦更加关心，倾注了一位母亲全部的爱。她把带孙儿和家务活儿全揽了下来，以便让他们全身心地投入到工作中去。江竹筠常到蒋一苇家商议工作，渐渐地她又把对儿女的关爱之情延续到了江竹筠身上，问她的孩子有多大，是谁看着，诚心诚意地对江竹筠："要是你工作多，顾不过来的话，你就把孩子放在我这里吧！咱们知根知底的，比外人强。再说了，我带一个是带，带两个也是带，费不了多大事！"

有一天，江竹筠去蒋一苇家商议调整《挺进报》发行工作，顺便把云儿也抱了过去。江竹筠和蒋一苇、陈曦谈着工作，却看见云儿一下地，就和蒋一苇的孩子玩到了一块。云儿开心极了，笑个不停。云儿已经会说会走了，到了渴望与自己年龄差不多的小伙伴一起玩的时候了。

陈曦不禁笑着向江竹筠说道："江姐，你成天工作那么忙，就把云儿放在我们家吧！"

陈曦的母亲也插言道："是啊，你看，这两个孩子还挺合得来呢！你啥时候舍得把云儿送来，都欢迎！云儿真乖，我真想带带他呀！"

江竹筠并没有马上回答，但这时她却心动了，她心里在想："如果工作有变动，我也去川东参加农村武装斗争，就把云儿寄放在这里，不是一个很好的安排吗？"

化悲痛为力量

随着革命形势的进一步发展，江竹筠的工作又有了新的变动。她不再负责《挺进报》的工作，也不再参与重庆市学生运动的联系和指导工作，组织上已任命她做地下党川东临委和下川东地委的联络员。

江竹筠对她原在重庆负责的各项工作，早已一一向接替她工作的同志作了交代。

江竹筠的丈夫彭咏梧同志如今是地下党下川东地委副书记，负责领导下川东一带的农村武装起义工作。江竹筠已随老彭一道，去下川东做过一次联络工作。她曾到过下川东许多偏僻山乡，她凝望着云阳、奉节、巫山、巫溪那一带高耸入云的山岭和烟波浩渺的云海，凝望着川、陕、鄂三省交界处那起伏蜿蜒的广阔地势和无边无垠的茂密丛林，回想着这里曾有过人民英勇斗争传统的光荣历史，不禁兴奋地自言自语道："这里真是打游击的好地方，这里真是消灭反动军队的好战场啊！"

特别使江竹筠难忘的，是在那一片广阔的土地上，我们党派遣的许许多多优秀同志早已到了那里。他们中间有1935年就在云阳领导过武装起义的老同志，更有许多新从重庆等地来到这里的同志。那许多新近才来这里的同志，也早已和当地群众打成一片，在这里深深扎下了根。其中，不少同志是大学生，江竹筠曾在重庆见过，但此时在这里再见到他们时，她竟几乎认不出他们来了。原来，他们不仅脱下了城里人的服装，换上了农民的衣衫，而且，他们的神情、动作，仿佛全变成另一个人了。他们在城里时留蓄的发形没有了，全像农民一样，剃成了光头。他们白天黑夜和农民吃住、劳动在一起，皮肤和农民晒得一样黑，一个个光着脚，手上、脚上的茧巴和地道的农民一样厚。他们挑着百十斤的重担，可以像当地农民兄弟那样，在崇山峻岭间的崎岖小路上从容来去，行走如飞。

在云阳，江竹筠还见到了一支队政委李汝为同志。她是在两年前拖着瘦弱多病的身体，舍弃在银行工作的优裕生活条件，离别了她年迈的母亲，响应党的号召，来到这生活艰苦的农村扎根，同当地民众打成了一片。江竹筠看到她飒爽英姿、精神百倍，即将率领起义部队出征，不禁异常激动地说："这里真是锻炼人，同志们太棒了，我该加倍努力向你们学习才行啊！"

在奉节青莲乡，江竹筠见到了四年前响应党的号召，来到这里当中学校长的贺德明，她参加了就在这所学校里举行的暴动工作准备会议。她亲身来到了即将参加暴动的、精神焕发的起义者中间，她仿佛已听到了震撼巴蜀大地的起义枪声。

尽管这里的武装起义斗争已经蓄势待发，给了敌后农村广大革命群众以极大的鼓舞！但同时，江竹筠从老彭那里，从起义领导同志中间，听到了意见一致而且是极其强烈的呼声：尽管上级党组织已派了许多同志到这里作为联系群众、发动群众开展武装斗争的骨干力量，但与川东广大地区的需求相比，人数尚太少，远不能适应起义及起义之后面临处理的各种复杂局面。于是他们希望江竹筠尽快赶回重庆，向地下党川东临委反映如下意见：尽快再输送一批知识分子干部到川东农村地区。

“江姐，你就要回重庆了。再来的时候，希望设法带一台收音机来。”负责宣传工作的吴子见同志提出了要求。

“就只要收音机？”

“如果有关于游击战的书也一定设法带来……”

“……”

就这样，江竹筠完成了她第一次去下川东的联系任务，回到了重庆。

她向川东临委的领导作了汇报。尔后，她便为再次赴下川东联络进行了一系列准备。农村武装斗争一旦展开，医药用品必不可少，不仅是常用的一般外伤药品，像碘酒、纱布、绷带之类的东西，感冒、腹泻以及治疗传染病之类的药物也应准备一些。

她就要再次离开重庆，奔赴正在开展农村武装斗争的地区了。药品、书刊、收音机……等整整装满了一个大箱子，当然在箱子最上面还做了必要的伪装。她还为如何安全地通过层层关卡，如何巧妙地应对随时随地的盘查，如何冷静地处理突发事变做好了充分的精神准备。另外，她特地去了一趟蒋一苇家，看了看他们一家人，也看了看让她牵挂的、寄养在他们家的云儿。

江竹筠离岸上船，再次踏上了赴下川东的征途。

“上舱房检票。朝那边走!”船员检过票，指点着方向说。这时，船上的茶房已从搬运工手中接过江竹筠大大的箱子，跟在江竹筠身后。

烟雾弥漫的煤舱里，寒风浸骨的船舷上，都挤满了人群，全是买不起舱位的统舱旅客。船舷边遮风的帆布被江风刮着，在铁栏杆上“啪啪”地响。婴儿不住地号哭，母亲焦急地抚慰着。满船嘈杂的人声，乱哄哄地混成一片。

离船头不远，江竹筠找到了自己的舱位。她打开行李，把床位铺好了，便想把箱子塞在床下。箱子又高又大，塞不进去，她只好重新把箱子放到床上。这时，一个菜房从门边走过，江竹筠便喊着：

“茶房！船多久开?”

“还在扎雾，大概九点钟才开得成。”

“何大副起床了吗?”

“小姐，你姓李，是他表姐对吧?”茶房打量了一下江竹筠入时的衣着问道。

江竹筠笑着，点了点头。

“大副上夜班，叫我等着，你来了，就叫醒他。”

话音刚落，何大副已披着大衣径直找来了。

“表姐，我正等你哟，你一个人回去?”

“你大哥走不开。出来几年了，早就想回家看看……坐吧，表弟。”江竹筠用力把箱子从床上提下来，左放不是，右放也不是，她埋怨说：“我说不带箱子，大哥偏要我带，路又远，可真不方便。”

“这里放不下，放在我那里吧。”何大副说着，从门外叫来个茶房。

“把这个箱子送到我房间去。”

茶房正要去提箱子，江竹筠却拦住了他：“等一下，我拿点东西。”她把箱子放上床，当着全舱的旅客，打开锁，翻开粉红色内衣，花绸夹袍……把靠上面的一只精巧的手提包取了出来，顺便拿起了药瓶晃了一下，“你大哥想得真周到，给舅母买的鹿茸、银耳……你看，连鱼肝油也怕乡下买不到。可真把我累坏了。”她笑着，锁上箱子，交给茶房。

“开船还有一阵，我们出去看看风景好吗?”何大副征求意见地问。江竹筠同意地点了点头，在她提起手提包，刚要和何大副一起走出舱房时，从舱房另一头传来了叫喊声：

“现在开始检查啦！旅客们不要走动!”船上嘈杂的声浪顿时沉静下来。

两个穿白色服装的水上警察，从过道上走了过去，后面跟着几个背枪的士兵，刺刀闪着寒光。检查正在统舱里进行，只听见刺刀撬破木箱、戳破罐头的响声，夹杂着孩子的尖叫号哭。

“慢点嘛，看把我豆瓣打泼了!”

“叭嗒!”传来罐子落在甲板上的破裂声，接着便是一声女人的尖叫：“哎呀，我的一罐榨菜!”

警察来到上舱房，一位学生装束的双辫子姑娘，在舱房的另一端，遭到反复盘问。江竹筠从容地从床上斜起身子，顺手拿起刚才向对面的旅客借来的一张《中央日报》不在意地浏览着。

“小姐，请问你去哪里?”

江竹筠慢慢把报纸放下，扫了警察一眼，冷淡地回答了两个字：“回家!”

“有证件吗?”

江姐拿起精巧的手提包，轻轻地把拉链一拉，用戴着手套的食指和中指，从皮包里夹出一份证件，随手丢在床上。

警察的气焰，在盛装的女客面前完全收敛了，规规矩矩地拾起那份盖着大印的证件，仓皇地看了一眼。

“对不起，对不起!”警察毕恭毕敬地退出舱门说：“我们是例行公事，例行公事。”

四面传来的骂声，把警察送下了船舷的吊梯。

“呜——”轮船起锚开航了。

江竹筠出了舱房，缓步走向船头。这时，虽然已是雾散天晴，金色的阳光在江水的波涛里荡漾，但阵阵冷风袭来，还是让人感到几分凉意。像今天这样巧妙地避开敌人的检查，对江竹筠这位出色的联络员来说，不知要有多少回，只是似乎感觉到，敌人比往日更猖狂了！

云阳、奉节一带，江竹筠来过，很熟悉。她先将随身带的箱子找一处可靠的地点存放起来，在到联络站与组织联系上后，再设法将药品、书刊等物品转送到同志们手中。

下川东农村的武装起义，在她离开奉节青莲乡，返回重庆之后，就在云阳、巫溪同时打响了！起义队伍会师青莲乡，将前来清剿的保安队击溃，生俘敌保安队长，声势大振，威名远播。

奉节县城是江竹筠前去联络站的必经之地。她从路上过往行人的只言片语中，听到了一些有关传颂起义队伍英勇杀敌的传奇故事，也感受到了由武装起义而带来的变化。

路越接近县城，沿途关卡上敌人的检查就越发严格了，而且她慢慢地从人们的脸上发现有意回避的紧张神色，她心头蓦地有了一种不祥的预感。

前面，就是奉节县县城。从一条由大小不一的石板铺成的路走去，再登上一段陡斜不平的坡道，就到了县城的城门楼下。

阴雨绵绵的天空，一片阴沉。撑着雨伞，踩着泥泞，江竹筠一步一步向城门楼走进。

离城门楼更近了，抬眼就见城门口围着一大群人，仿佛在那里看着什么。

走到近前时，她猛然发现：城头上悬挂着一排木笼，木笼里面放着一颗颗血淋淋的人头。江竹筠又想：又一批革命同志被敌人残酷杀害了，他们的头颅竟然被残暴的敌人割下来示众。她不忍心去目睹眼前这一切，就想从一旁马上走开。她刚一转身迈步，却又想：这怎么行？应该知道是谁牺牲了，应该知道他们的姓名和是在什么地方牺牲的，才好向组织上报告。她便不禁又回转身，直端端地向城门走去。

木笼里的人头在血雨的浸透下，已面目全非，无从辨认。

随着低声叹息的围观群众的目光寻去，江竹筠又看见木笼下的城墙上赫然贴着一张大布告。

布告上，粗暴的红笔勾去了一连串名字，她一眼就看清了那行使她陡然心惊的字：

匪首彭咏梧……

这突然出现的名字对她是多么残酷！是他，是老彭，是与她朝夕相处、患难与共的战友、同志、丈夫！她眼前发黑，一阵眩晕，城门、木笼好似在空中旋转，泪，就要夺眶而出，就要伴随着天空飘洒的雨水向下倾泻，她真想痛哭一场啊！但周围人群的叹息声，城门口检查过往行人的国民党兵和特务的吼叫声，使她立刻清醒地意识到：不能在这里哭泣，不能在这里倒下，老彭需要的不是眼泪，不是悲伤，而是继续斗争，向敌人讨还血债……她没有个人伤感的权利！她还有重要的联络任务没有完成！她必须迅速地从这里撤离！

江竹筠扶正了雨伞，转身离开。走了两步，又情不自禁地回首望瞭望城门上悬挂的木笼，便穿过人丛，默默地踏上泥泞的道路，向着联络站的方向，一步一步地向前走去……

走在泥泞而又崎岖不平的路上，凝望着雨雾蒙蒙的天空，江竹筠强忍住失去亲人的巨大痛苦，告诫自己：你一定要挺住！继续完成老彭等革命同志未完成的工作。当前，应该马上与下川东地委取得联系，了解整个情况变化，迅速向川东临委报告！

江竹筠从下川东赶回重庆，已是1948年春节前夕。她立即找到川东临委负责人，将下川东一带武装起义后的情况和彭咏梧同志牺牲的经过，一一作了汇报，并坦诚地提出了自己的意见和要求。

江竹筠根据自己对下川东一带农村武装斗争的调查了解，提出了自己的三点意见：

一、目前农村武装斗争的重点应以打击地主恶霸、保安团等地方反动势力、最大限度保护农民利益为主，不宜搞攻打县城，过早暴露革命力量的举动。

二、在地主恶霸、保安团和国民党反动军队相勾结、集中对我进行清剿的地方，暂时放弃武装起义斗争，将党的革命武装力量化整为零，武装斗争由公开转入隐蔽，抗丁抗粮由明抗改为暗抗，以保存革命力量，等待时机。

三、武装起义斗争方式应选择在敌人军事力量小、控制相对薄弱、群众基础好的地区展开，要广泛发动群众、占据有利地形，有效地打击敌人，逐步壮大革命力量，形成与人民解放军南下攻势遥相呼应的局面。

江竹筠在向临委提出自己的工作意见后，又诚恳的要求：把她派到彭咏梧同志曾经工作过的地方，继续战斗，完成老彭未尽的事业。

临委领导马上安排召开会议，研究当前对敌斗争的形势和计划，并表示认真考虑她的请求，决定以后再通知她。

正月初一这天，江竹筠给云儿和蒋一苇家孩子以及陈曦的母亲各买了些食品，就匆匆去了蒋家。

陈曦的母亲特别好客。一见到江竹筠来，就迎上前："嘿，江姐，你看你这么一走，就是这么多日子，一路上够辛苦的吧？人好像也瘦了，身体没什么事吧？嗐！光顾自己说了，来，来，来！"陈曦的母亲一转身，就从里屋将云儿抱了出来，将云儿交给江竹筠，"我说江姐呀，你听听你的云儿如今会讲多少话？讲得能有多清楚？云儿，乖，你不是总爱叫爸爸、妈妈？来叫一个妈妈，叫呀，叫呀！"

云儿依在江竹筠怀里，看看阿婆，又亲昵地盯着江竹筠，叫了声："妈妈！"

"再叫呀！"陈曦的母亲在一旁鼓励着。

云儿两只黑亮的眼睛一转，又清脆地叫了一声："爸爸！"

江竹筠强装笑容看看云儿，用脸颊抚慰着云儿，刚要问怎么没见蒋一苇一家三口，陈曦的母亲就在一旁解释道："江姐，今天一早，蒋一苇、陈曦带着孩子给亲戚们拜年去了。家里就剩下我和云儿，你来了，正好陪云儿耍一阵，等他们回来，咱们一大家子热热闹闹过个年吧！"陈曦的母亲停了一下，接着又对江竹筠说："江姐，你平时工作忙，也没个时间，今天过年呢，你就安下心来多跟孩子待一会儿，云儿这孩子乖极了，小嘴像抹了蜂蜜甜着呢！"

听到阿婆赞许的云儿，忽又高兴地叫了一声："爸爸！"

江竹筠从见到云儿起，就想起了老彭；云儿第一次叫"爸爸"，更勾起了她心中亲人生离死别的悲痛；当云儿再次喊"爸爸"时，江竹筠再也控制不住自己的感情，多日以来压抑在心底的悲痛一下子喷涌出来：她抱着幼年丧父的云儿，当着同自己母亲一样可敬的老人，放声痛哭！

江竹筠情感的突然变化，让不了解内情的陈曦的母亲有些不知如何是好，想劝劝江竹筠吧，她不知道该说些什么。

江竹筠大年初一仍安排了许多重要工作，她顾不上在蒋一苇家久留。临出门前，她依依不舍地吻别了云儿，又一头扑到陈曦母亲的怀中，紧紧拥抱着老人。老人虽没有问什么，可心里却明白："江姐一定有什么事情！"

蒋一苇、陈曦回到家，听母亲讲起这事，也不禁想："一向性格坚强的江姐，是不会轻易掉眼泪的。大年初一见了云儿就哭，能有什么事情呢？"陈曦和江竹筠的好友何理立同在一家书店工作，就将这事同何理立讲了，问何理立知道不知道是什么原因。

这天夜里，江竹筠去何理立家住宿。

"江姐，"何理立直截了当地向她问道，"听说你到陈曦家去，抱着云儿就哭。真有这事？"

"有这事。"

"是想云儿，还是嫌他们家没把云儿照顾好？"

"都不是。"

"江姐，那你究竟为什么呀？难道你连我也不告诉，也不肯说一声吗？"

江竹筠的眼圈红了，但她的眼泪却忍着没有流出来；她嘴角蠕动着，却始终没有张开嘴说。她心在想："她又何尝不想跟自己的好友倾诉呢？但一想到何理立的丈夫仲秋原同志半年前被捕入狱，多方营救未果，如今已被秘密转移、生死未卜的实际情况，江竹筠话到嘴边，就又咽了回去。

"江姐，不要瞒我了！快跟我说实话！是不是老彭有什么事？"

"他牺牲了。"

"江姐，你怎么不早告诉我？老彭，他是怎么牺牲的，什么时候，你说，你说呀！"

“就在今年1月16日，双河场召开抗丁抗粮群众大会。地主恶霸勾结保安团前去镇压，老彭率领游击队击溃了保安团，但在转移途中遭遇数倍于己的国民党匪军，为掩护同志们突围，老彭不幸壮烈牺牲。他的头颅被敌人割下来，挂在奉节的城门上……”

“啊，江姐，老彭！”

何理立抑制不住强烈的悲愤之情，双手将江竹筠紧紧抱住，不禁失声痛哭起来。江竹筠也紧紧抱着何理立，泪如泉涌。

战友的心，紧紧地扣在了一起。

江竹筠扬了扬头，然后掏出手绢，替何理立擦干了眼泪，也拭去了自己脸上的泪珠，语气平静地说：“好了，不哭了。我们该为有老彭这样的好战友、好同志而感到骄傲，感到高兴啊！”

“嗯，我们一定以老彭为榜样，不怕牺牲，前仆后继，英勇战斗！”何理立说着，用右手紧握了一下拳头。

“江姐，你把这一切，都向上级党组织汇报了吗？”

“我已经作了汇报，谈了自己的意见，同时向组织上郑重提出了请求！”

“江姐，什么请求？”

“我已经两次去过下川东了，对那里的情况有了一定了解，人员也比较熟悉，我要求留在老彭工作过的地方，继续老彭未完成的事业。”

“留在老彭工作过的地方。”何理立重复着江竹筠意味深长的话，感到了其中沉甸甸的分量。她凝视着江竹筠，将一双火热的手伸出来，紧紧握住江竹筠的双手说道：“江姐，我的好同志！你说得真好，说得真有分量，真有骨气啊！去吧，你放心地去吧！你去了下川东，你的云儿留在重庆，同志们会像照顾自己的孩子一样，照顾云儿的。”

“这一点，我完全放心。不过去下川东的事还要等到组织批准后，才能动身。这些日子我准备把重庆的工作安排一下，同时作好准备。”

“那，江姐，你有什么需要准备的，还有什么放心不下的事情，如果我能帮上忙的话，一定先告诉我，我们俩可是最好的朋友。我知道，你的心这会儿早已飞到下川东去了。”

“是啊，老彭的鲜血洒在了那里，老彭为之奋斗的事业就在那里。我会接过老彭手中的枪，继续战斗，烈士们的血不会白流，一定要让敌人加倍偿还！”

这一夜，两个亲密的好友、同志彻夜长谈，不知谈了多久，到了什么时候……

身陷虎口

对于江竹筠到下川东工作的请求，川东临委进行了认真负责地研究。临委考虑到，她曾经作为联络员往返于重庆和下川东之间，广泛普遍的接触，有助于熟悉和了解情况的同时，也容易暴露身份。所以，才决定她留在重庆工作。但江竹筠执意要求到下川东工作。她说："川东的工作我熟悉，别人乍一接手的话，恐怕一时适应不了，会影响工作效果。而且，我早已将生死置之度外，更何况危险呢?"临委鉴于江竹筠态度坚决，又比较熟悉情况，还具有长期对敌斗争经验，一时很难找到可以替代她的人。因此，临委就批准了江竹筠赴下川东工作的请求。

江竹筠又要去下川东了。各项准备工作在江竹筠的努力下，已经基本就绪。具体出发时间由临委确定，而且在出发前，临委负责人还要同江竹筠作最后一次谈话，谈话的时间、地点另行通知。

看来，要等几天时间了。在江竹筠的脑海中，虽然已经开始谋划下川东的工作了，但在重庆有些工作还是让她放心不下；尽管她已经做了交接，个别同志的具体问题仍然让她牵肠挂肚。本着对革命负责和对同志负责的态度，江竹筠利用有限的时候，抓紧解决过去未曾解决的问题。她想到一个人，从这个人入手，可以达到一举两得的效果。

江竹筠马上给四川省银行的刘国铉挂了个电话。

她拎了皮包，好像与银行有什么重要业务似的，径直走进银行研究室的房间。

刘国铉正在等她。研究室那几间办公室的门，全敞开着。桌上，堆放着重庆、上海等地出版的书刊。两杯刚泡的龙井茶，随着徐徐上升的热气，散发出阵阵茶香。

江竹筠习惯地扫视了一下别无他人的房间，她的目光忽然落在了白色墙上那幅四川全省的地图上。江姐移步向前，刘国铉也跟了过去，江姐看了看刘国铉，将手指向地图上一处被略加描注的黑圆点问道："国铉，你去过这里——秀山县？"

刘国铉摇摇头，却道："我虽然没有去过，但我对这一带的地形地貌却作过分析和研究，那可是一个打游击的好地方。西、秀、黔、彭几个县和湖北、湖南、贵州接壤，山高林茂，地域广阔，著名的马江就从那里流过，还是一处多民族的聚居区，和云南省的许多偏远山区的特征极为相似。"

"国铉，这么说，你早有考虑了？"

刘国铉点点头，颇有些自信地继续说："因为我知道，我们革命武装必须到一切处于敌后的山岳地带去发展游击战争，并建立起根据地来。而且要建立长期支持的根据地，山地当然是最好的条件。"

"看来你已经学习过毛泽东同志的《抗日战争游击战争的战略问题》一书。"

"瞒不过你，江姐，我都读了三遍了，而且还做了读书笔记。"

"已经做好了参加武装斗争的思想准备?"

刘国鋕再次肯定地点了点头，道："可惜，我还没机会去那边实践呢?"

"你没机会?"

"我想把这样的机会送给别的同志。"

"你想给谁呀?"

"我还没想好咧!"

江竹筠坐了下来，品尝了一下刘国鋕特地为她泡的龙井茶。

"江姐，"刘国鋕问道，"你有好久没见过紫霞了吧?"

"她今天要来?"

"她昨天来过电话，说今天上午一定来。"

"她再不挖苦你是刘家大少爷了吧?"

"早不挖苦了。现在，她每次来，还要清查我这个大少爷的开支情况，看看是否又乱花钱，最后连自己的一杯牛奶钱也没留下咧。"

江竹筠笑道："国鋕呀，这就对了。你也真该让紫霞管管才行。"

"管管，江姐，那我可不'自由'!"

"国鋕，你这话该向她讲呀!"江姐忽地向门外望去，"我也真想见见她。"

送报纸的工作将一份报纸送了进来。工人转身走了，江竹筠忽然又向刘国鋕问道："你最近见着小罗了没有?"

"见过好几次。"

"他近来怎么样了?"

"我们谈了许多事。谈到云南的许多事情，说我们如果在两年前不从云南那边撤回重庆，仍留在滇南那些偏远的地方，那么可以肯定地说，我们在那里的工作，一定很有群众基础了。在需要武装起来，用革命的枪杆子去对付拿枪的敌人时，我们完全有能力从那里拉出一支革命武装队伍来。”

“小罗和他哥哥关系怎么样，有来往吗？”

“也谈到了。但是，小罗现在还是不愿去他哥哥那，不愿跟他哥哥有什么走动。不过，小罗也有了一个非常明显的变化，小罗曾郑重地对我说，如果是组织上派他去与哥哥接触，他一定去；如果革命需要他干什么，他都会无条件地去干。”

“好啊，我想过，他会这样的。”江竹筠蓦地显得分外兴奋起来。瞬间，她似乎想得很多，想得很远。我们党是讲成分的，但不是唯成分论者，重在表现。小罗在‘一二·一’运动时就是民青的负责人了，工作表现也很不错。撤到重庆，在反美抗暴、反对内战运动中的表现更是非常突出。他是西南学院壁报联合会主席，在和反动学生进行面对面斗争中，他表现得很有才干，很有组织能力；他把反动学生批驳得哑口无言、理屈词穷，毫无招架之力，一再得到现场同学们的热烈喝彩。但我们有的同志脑子里仿佛总有一条无形的唯成分论的枷锁，把自己的思想束缚起来。一提到小罗的组织问题，就说他不是有个当兵团司令的哥哥罗广文吗？尽管他早有入党要求了，可是，我们有的同志却总是回避谈这个问题，把一个真诚向党，迫切要求加入党组织的热血青年挡在了党组织的门外。国锐你最了解他，你说，事情是不是这样？”

刘国锐慎重地向江竹筠问道：“那你愿意介绍他入党吗？”

江竹筠十分认真地点点头，说：“国锐，你呢？”

“我当然愿意。”

“那好。”江竹筠眉头动了动，说道：“我想，这件事最好尽快就做。我上次去下川东就考虑这个问题：如果我能够提前派些骨干去酉、秀、黔、彭那几个县，在那里扎下根来，同群众打成一片，发动群众壮大革命力量，就能够使我们下次下川东发动武装起义时，得到酉、秀、黔、彭几个县积极响应，从而分散和削弱敌人武装，保存和发展革命武装，那该多好啊！”

“江姐，你有没有更具体的人选安排？”

“小罗可算得是个理想的人选。另外，西南学院有个叫郑云的女同志，经过学生运动考验，革命意志坚强，又非常泼辣，是做群众工作的一把好手。我曾侧面同郑云谈过，她坦率地表示，愿意按照党的要求，到革命最艰苦、最危险和最需要的地方去。他们都是知识分子，可以用教师的身份派到县中学任教，接触熟悉群众，认识结交朋友；抓住时机宣传党的方针政策，宣传人民解放军在全国各个战场的伟大胜利；注意发现和培养革命骨干分子，积聚革命力量。一旦斗争形势需要，他们就可以拿起枪杆子，成为一支革命武装队伍，为全国的解放事业做出贡献！”

“江姐，是你——要去那边？”刘国鋕指了指墙上的地图，带着羡慕的眼神问。

江竹筠笑着摇摇头，然后说：“组织上对我另有安排。我希望他们这些进步青年能响应党的号召，尽快奔赴那里。只是小罗的入党问题尚没有解决，这始终是我的一块心病。我想，争取在离开重庆前，帮小罗完善组织手续，使小罗成为一名光荣的共产党员。”江竹筠说完，站起身就要走。

“江姐，你不是等紫霞回来才走吗？”

“不了，我还有工作安排。”

“江姐，我是想，如果我和紫霞一道去那边最艰苦的地方去，是不是机会更大一些？”

“怎么，现在就分不开了?”江竹筠忍不住笑着问。

“我这个资产阶级‘少爷’需要革命群众经常性地帮助改造嘛!”刘国鋕也诙谐地答道。

“国鋕，”江竹筠收起笑容，认真地说：“你就安心在重庆工作吧。你在重庆的‘研究室’隐蔽性很强，你的家庭背景和个人身份也具有很天然的‘保护色’，对重庆党组织开展地下斗争很有帮助。服从党的需要吧，你的战场就在这里!”

江竹筠与刘国鋕紧紧握了握手。

“保重!”

“保重!”

江轮迎着晨风，穿过浓雾，冲破长江江心的旋涡，向东驶去。

伫立在舱门口的江竹筠，把依恋的目光从山城朦胧的影子移向江边，移向那由江轮掀起的波涛在岸边荡起的阵阵浪花。

她已经完成了在重庆应该完成的工作任务，对党组织和同志都有了一个负责的交待。罗广斌入党一事，已经得到上级党组织批准；正如她期待的那样，由她亲自动员的罗广斌等一批优秀进步青年，也经上级党组织批准后，即将以教师的公开身份，奔赴秀山等县中学，争取尽快在那里站稳脚跟，开展工作，支持和配合游击队进行游击战争，建立稳固的革命根据地。临委已对下川东的斗争情况作了全面估计，并于昨天夜里将船票送给了她，要求她立刻启程，前往下川东。首先，到万县住下来，通过关系择定公开职业，全面、审慎地了解情况后，再确定下一步的行动。

“下川东武装起义斗争开展以来，由于敌人的疯狂反扑和血腥镇压，那里敌我斗争的局势明显的更复杂了。我突出重围的各种起义武装，正化整为零，采取分散、隐蔽的斗争形式，逐步发展壮大力量；而敌人正采取严密的防范手段，对我游击武装、地下党同志进行全力搜捕……因此，你这一次下去，千万不能有丝毫麻痹大意，即使对你去过和熟悉的地方，也要将情况仔细查明后，才能进一步联系……”

临委领导临行时的指示，使江竹筠对下川东目前的局势有了一个更冷静的思考。

江轮的航程终点是宜昌，在万县码头停靠以后，江竹筠就像一个回乡的城里人一样，让脚夫挑上行李，从容地上了岸。沿着通向万县县城高低不平的石板路，一步步向城里走去。

江竹筠这次到万县工作，和她上次同老彭一起来这里的情况完全不同。上一次，她是联络员，只负责了解情况，上传下达；这一次，她是下川东地委委员，要在了解前一个时期武装起义失败情况的基础上，认真总结经验教训，重新恢复党组织联系，积极展开工作，重新组织战斗。她多么渴望早日重返老彭曾经工作过、战斗过的地方去啊！但是，那些地方党的联系是否已经中断，革命骨干分子和党的基本群众有没有转移，她心里一片茫然。

奉节县青莲乡、云阳县汤溪乡这些老彭工作过的地方，如今的情形已是面目全非了，当年熟悉的领导和同志已经不在了。一些同志光荣牺牲了，一些同志随游击队转移到了深山丛林；还有一些同志隐蔽了起来。云阳汤溪的李汝为，那位勇敢的游击队女政委，在参加起义斗争后，被敌人俘获，慷慨就义。所有这些都使为继续做好老彭留下的工作，想尽快打开工作局面的江竹筠焦急万分。

下川东地委根据川东临委的指示精神，针对下川东严酷的现实状况，召开紧急会议，商讨对策，江竹筠参加了会议。会议研究制订出了下川东近期“隐蔽身份，观察分析，逐步了解，恢复运转”的十六字工作方针。会后，江竹筠对形势的认识更清楚了，进一步明确了工作方向。

按照临委和地委的决定，江竹筠通过川大同学的联系，在万县地方法院找到一份工作。从此，她就以法院会计室会计的合法身份，在万县安置隐蔽下来，迈出了工作的第一步。

一切似乎都在有条不紊地进行中。白天，江竹筠像其他工作人员一样，从事着自己的工作，沉稳地核对数字，认真地处理来往账目。下班以后，通过各种方式，熟悉了解周边环境，凭着多年对敌斗争经验，分析判断出或明或暗的敌人控制范围，以及特务的主要监视活动方向。接着，逐步地、试探性地寻找原来的联系线索，恢复联系方式。

日子一天天过去，江竹筠渐渐欣喜地发现：许多失去了联系，曾以为已经遭到不幸的同志还都在；这些与组织失去了联系的好同志也正在找党啊！只不过比起以往来，这些同志多了几分考虑，多了几分慎重。他们和江竹筠都有着一个共同的想法：一定要认真总结经验教训，在遭受失败和挫折的地方，重新将红旗举起来！

江竹筠和下川东各地同志的联系，终于一个个地恢复了；江竹筠同化整为零、又逐渐变零为整的、已在山上建立根据地的游击队也联系上了。这支游击队是老彭等革命同志用生命和鲜血保留下来的，虽然人数不多，但却像一把随时可以插进敌人心脏的尖刀！

江竹筠在敌人的大后方，在白色恐怖笼罩的极其困难的环境中，不畏艰险，不怕牺牲，顽强地坚持斗争，使革命力量得以积蓄、发展和壮大，也被敌人视为眼中钉，肉中刺。

革命向来不是一帆风顺的，革命之路从来就不平坦。

危险，总是在顺利中不知不觉地向人们逼近。

在革命力量与反革命力量大决战的1948年春夏交替之际，国民党西南特务机关集中全力对我地下党组织进行清剿和破坏。《挺进报》的发行工作稍有疏漏，即被伪装成进步青年的特务混入，敌人以顺藤摸瓜的手段破坏了地下党重庆市委。地下党川东临委领导察觉到了危险的蔓延，立刻切断了和各地党组织的联系，并尽可能多地通知相关同志转移。但投敌变节者所带来的危害，却一时难以有效地遏制住。

远在川东门户万县地下党的同志们还不知道所发生的一切，但危险已经向万县地区迫近。

住在万县，正在下川东积聚力量的江竹筠，根本不会想到：国民党特务在破坏地下党重庆市委过程中，俘获了一个意志薄弱者、原重庆地下党市委副书记、叛徒冉益智。冉益智与江竹筠有过多次工作联系，冉益志对她和老彭都非常熟悉，也对党在学运中的骨干分子比较了解。在 1948 年端午节前，冉益智就带着一个特务的特别行动组秘密赶到了万县。这次特务行动的直接目标就是下川东地委委员江竹筠、地下党万县县委书记雷震等一批党的骨干分子，并试图通过江竹筠找到游击队武装，挖出更多的地下党同志。

1948 年 6 月 13 日，江竹筠在县法院上班时，发现周围有一些陌生的面孔；当晚，在江竹筠住所附近居住、约定与江竹筠商议工作的县委书记雷震突然不知去向。江竹筠感到情况异常，就决定立即了解情况，同时在联络站发出安全预警信号，中断这里的一切联系，准备从这里尽快撤走。

1948 年 6 月 14 日早上，江竹筠为了保证更多同志的安全，不顾个人安危，迅速赶到了位于万县城东的党的地下联络站。那是一处有着半旧黑漆门面的独院，黑漆门一侧的墙上，整齐摆放着一排用来预警的小花盆。江竹筠进院后，四下看了看，然后以最快的速度搬掉了墙上所有的花盆。江竹筠喘了口气，又以她特有的谨慎和细心，对院内所有房间做最后一次检查。几分钟以后，江竹筠确定没有留下什么东西，刚要提起自己的布包撤离，只见那扇黑漆门猛地被人推开了。地下党重庆市委副书记冉益智野兽般的贪婪目光正向院里搜寻，当他的目光与江竹筠的目光相遇时，瞬间战栗了一下，扭头避开了，而后挥了挥手，转身就走。接着，门口就出现了数名便衣特务。

“冉益智这个无耻叛徒！”江竹筠被这意外的发现，简直气得浑身发抖。她不禁连连自语道：“这个家伙将会给党造成多大的危害啊?!”

在万县的秘密囚室，在她被押往重庆的江轮上，望着万县一同被捕的同志，江竹筠心如刀绞。她不禁一再痛苦地问着自己：“叛徒冉益智还会向敌人出卖谁？除了自己和万县这批地下党人，他还能出卖谁？他分管过学生运动的领导工作，刘国鋕、曾紫霞和罗广斌他们一批青年同志会不会也有危险?”江竹筠此时恨不得身生双翅，飞到那些青年同志和所有尚不知道冉益智已经背叛革命的同志面前，去通知他们，挽救他们。她暗自下着决心：“一定要设法及早揭露叛徒冉益智的嘴脸，阻止他进一步给党造成危害！”

为了防止游击队闻讯后，解救江竹筠等革命者，特务机关的头子们真是煞费了苦心。明着在第二天早上，一部分特务的押解车队仍走旱路；暗中于当天夜里，就将江竹筠等革命者由水路连夜押往重庆。只因浓雾锁江，江轮扎雾，一直到第二天上午十点多钟才到了重庆的朝天门码头，码头上已是人来人往，熙熙攘攘。

由于是秘密押解，码头上没有全副武装的特别行动队，而是布满了穿便衣的特务。几辆美制吉普车前后排成一队，停在岸边不远的地方，车队前后各有一辆蒙着帆布的军用卡车。

“让开！让开！”随着押解江竹筠的轮船靠岸，岸上的特务压低嗓音，却十分粗暴地呵斥着来往的行人。江竹筠被特务前后左右夹拥着，走向岸边的车队，同船到重庆的冉益智跟着几个特务头子走在最前面，江竹筠离冉益智只有七八步远。走着，走着，江竹筠突然一头撞开了身体右边的特务，拼命扑向冉益智，一边用戴着手铐的双手砸向冉益智，一边高声呼喊："大家快来看哪！这就是出卖革命的大叛徒冉益智！他是叛徒！叛徒……"原来只是远远观望的人群，顿时聚拢过来。被江竹筠举动惊呆了的特务们这时才反应过来，他们连忙抓住江竹筠，挟持着快速走向岸边的车队。"还不快走！"惊魂未定的冉益智在特务的催促下，一溜儿小跑地跟着几个特务钻进了车里。"看什么！靠后！靠后！"负责警戒的特务们紧张地拔出了手枪，比划着，叫嚷着。

江竹筠等革命同志被押解上了吉普车，汽车一辆辆已经发动起来，车队前后两辆卡车也已撩起了帆布，露出了黑洞洞的机枪。

江竹筠在身陷虎口的情形下，仍然为了战友的安全，为了揭露叛徒的真实面目，作着最后的抗争！

钢铁般的意志

押解江竹筠等革命同志的车队，几经辗转，在暮色茫茫中，向重庆的西北郊驶去。

电网、岗亭，在夜色中出现了。而且是一个接着一个，连绵不断地向着前方延伸，与那一座又一座黑色的山峰连在了一起。那将是多大的一片充满神秘、恐怖和罪恶的区域啊！

“梆，梆梆！”

“梆梆梆梆！梆梆梆梆梆！”

急骤的梆声响了！它在前方，又在后方、在左面、在右面响了。那令人心悸的竹梆声，使人感到：车队已经进入了一个陌生而又让人扑朔迷离的地方。

江竹筠不可能知道：眼前这片极秘密的广大区域，竟是国民党反动政府设在重庆的一处绝密的特务机构。它的全称叫中美特种技术合作所，也就是素有“人间地狱”之称的中美合作所渣滓洞集中营。它是由国民党军统特务头子戴笠和美国海军情报系统特务头子梅乐斯共同谋划设立的，是国民党反动派政府集特务指挥、特务训练和羁押刑讯为一体的残酷镇压工具。

车队在一个光秃秃的山岩之下停了下来。与车场紧相连接的，是一座被高墙、电网、岗亭包围着的监狱。江竹筠和同车被押来的革命者，由特务监视着，从高墙下沉重的黑漆大门走了进去。

全身美式服装的特务对每个被关押进来的人一一进行严格搜查，给每个人编了个号码。然后，江竹筠等人就被押着再经过一道黑门，通过一处院坝，分别被关进了牢房。

女牢房就在院坝旁边。江竹筠等女同志被关进了女牢。

牢门外，狱灯闪着暗红色的光亮。牢房里，江竹筠蓦地发现有一个短头发、暗黑的身影正急切地向自己靠拢过来。虽然朦胧却十分熟悉的面容，使江竹筠不禁一惊：怎么……是曾紫霞?！她也被捕了！那刘国鋕很可能也出事了！

江竹筠同曾紫霞紧紧拥抱后，都没有说什么，曾紫霞默默地依在江竹筠身边。透过昏暗、摇曳不定的狱灯光线，江竹筠瞥见：她两眼噙着激愤的热泪，紧咬着牙关，目光射向门外漆黑的夜空，仿佛显示她正等待着随时可能出现的更严重的考验。

江竹筠理解地握了握曾紫霞的手。她确信，敌人绝不会轻易放过自己，一场更严酷的斗争即将在这座秘密集中营中展开；这里无疑是新的战场，新的斗争，新的考验。

国民党秘密的西南特务最高机关西南特区区长、西南军政长官公署二处处长徐远举，正在考虑他的下一步审讯计划，谋划着怎样从这批新抓来的共产党人中间获得重要的突破。从派去万县执行这次突击行动的特务头目的报告中，徐远举认定：江竹筠这个女共产党是个十分有价值的人，她是共产党重要人物彭咏梧之妻和助手，她在下川东一带负责联络并领导农民开展武装斗争，她手中肯定有许多特别重要的秘密关系。然而，根据上方的要求，徐远举最主要、最关心的还是彭咏梧当年所创建的地下武装——游击队。这支游击队的人数虽然不多，但已成为国民党当局的心腹之患和后顾之忧，必予除之而后快。在他看来，彭咏梧被害后，游击队肯定是归江竹筠领导或仍由她联络。这次千方百计地逮捕江竹筠，就是要把解决游击队问题的希望，全部寄托在江竹筠身上。只要江竹筠肯叛变，游击队就能全部被消灭。

狡猾、阴险、毒辣的特务头子徐远举，并没有一开始就打算对江竹筠严刑拷问。他决定先对江竹筠采取利诱、劝降或威吓等手段，实在不行，再动用刑罚。而且，他还颇为自信地认为，审一个二十七八岁的女共产党，根本就用不着他这个堂堂的大处长亲自出马，派一个科长，几个审讯特务就足以对付江竹筠了。一切按他的步骤进行。“马上提审江竹筠!”已在办公室桌前沉思良久的徐远举，突然用拳头擂了一下办公桌，恶狠狠地发出了指令。

特务们忙着安排审讯江竹筠，徐远举则在办公室运筹帷幄，等待着好消息。结果，半天时间过去了，科长带着几个特务垂头丧气地回来了。科长报告说：“江竹筠倔得很，根本说不动!”“你们真没有用，连一个女人也对付不了！下去，下去!”徐远举训斥着，又沮丧地摆了摆右手。

如何突破审讯江竹筠僵局？徐远举考虑再三，决定还是自己亲自出马，“友好”地同江竹筠谈一谈。徐远举秘密地，而且是非常客气地把江竹筠请到一间会客厅。客厅的两侧摆放着造型典雅的盆景，沙发中间的茶几上放着一束鲜花，热气腾腾的咖啡漂着浓郁的香味。徐远举试图营造一个充满温馨的诱降氛围，加上自己的良言相劝，江竹筠准会不打自招。他满脸堆着笑容，极有耐心地劝着江竹筠。一次，不行；两次，也不行。第三次，徐远举不得不请出在军统局当过多年法官、时任军统息峰监狱主任的周养浩出马劝说江竹筠。但是，仍然被江竹筠义正词严地拒绝了！当徐远举同另外一个特务头子谈及此事时，非常泄气地说："不仅是毫无结果，而且越谈越生气！"

三次劝降没有结果的徐远举，不得不打出了他的最后一张王牌：让冉益智出面劝降江竹筠。

"报告！处长找我我……"冉益智话还没说完，性急的徐远举就开口了："有个人需要你去好好劝一劝！"还没等对方回话，徐远举便从沙发上略一起身，将放在前面茶几上的听装英国三五牌香烟取出一支向他丢了过去。冉益智 把右手拿着的军帽向左腑下一夹，两手恭恭地接住了香烟。

"报告处长：要我去劝谁？"

"还有别人！就是江竹筠！"

"报告处长，这个女人很倔强，只怕……"

"过去她倔强，现在是什么时候，这是什么地方，告诉她要放明白点！再这样下去，就叫她有好受的！"

"报告处长，还是用刑，可能比我去劝还有效。"

"这是以后的事，现在就要看看你的本事。你过去毕竟是她的上司，可以好好劝劝她，也可以现身说法嘛！你是领导，你都愿意跟我们，她还有什么敢不跟我们。去吧！"

冉益智也已经知道了徐远举的脾气，不敢再多说一句，恭恭敬敬地敬礼后，转身离开了。没走出门几步，就又听到叫他回去的命令。他慌慌张张地跑回来，连忙问："还有什么吩咐？"徐远举叮嘱他："你耐心去劝劝她，不要随便用刑，南京还有人来和她谈话，不能打得皮开肉绽，明白吗？""是！知道了！"冉益智鼓了鼓肚子，才答应了一句气壮的话。实际上，他不仅一点底气也没有，而且十分害怕同江竹筠见面，不敢正视江竹筠那正义凛然、咄咄逼人的目光。

被江竹筠痛斥而回的冉益智，仓皇地向自己的主子作了报告。徐远举恼羞成怒道：“真没想到一个这样的女人，竟会比他的上司还难对付，太可恶了！”

徐远举“啪”的一声拍了一下唤人的铃声按钮。然后对应声而来的特务吩咐道：“去！通知特一科，做好准备，今晚我要亲自审讯那个女共产党江竹筠，让她知道知道我徐远举的厉害！”

这天夜里，急骤的竹梆声从集中营四周的岗亭、暗哨里发出的时候，人们清晰地听见，汽车轰鸣的声响，忽地在车场上停歇了下来。人们随即就发现，不是囚车押送人来，而是西南特区特务头子徐远举带着一帮审讯特务、行刑人员来了这里。

就在外边的车房院内，特务机关专门用来刑讯的特殊房间里，特务们已开始紧张地进行刑讯前的各项准备工作。

“江竹筠，出来！”除了秘密提审外，一般公开审讯，特务和看守们都是这样号叫着。对于这种号叫，狱中革命者早已司空见惯。只是当号叫骤然在耳边响起时，难友们就多了一分担心，更多了积蓄在心头的仇恨。

女牢房被推开了！江竹筠被两个高大粗壮的特务押着，从院坝边的黑门走了出去。

静夜里，特务们在审讯室紧张准备时的吆喝声、刑具搬动的碰撞声，特务头子徐远举焦躁的训话声，不绝于耳地传到每个牢里，但难友们还是清晰地听到了江竹筠从容地走向审讯室的脚步声。那脚步声中，透着坚定的信念，无畏的精神，顽强的品格和钢铁的意志。

江竹筠被带进了审讯室。在江竹筠对面的桌子后面，坐着徐远举和另外一个特务头子；而江竹筠的两边各站着两个彪形大汉般的特务。行刑人员和其他特务等候在刑具室中。

只见徐远举瞪着一双布满血丝又向外突出的眼，望了望面前傲然站立的女人，冷不防甩手在桌上用力一拍："快说呀！"江竹筠毫无惧色，只把愤怒的眼神向下扫一下，又把头抬起来，不再理睬。

拼命抽几口烟，稳定一下情绪，思考思考问题，是徐远举遇到棘手审讯对象的一种习惯。他一边凝视着面前这位难以对付的对手，一边伸手在桌上香烟盒里摸了支香烟塞到嘴里，然后用力摁着打火机，点燃香烟，狠狠地吸了几口，就把剩有大半截的香烟，向身旁立着的一个红木雕刻的裸体女人双手捧着的香烟碟一捺，并凝视一下，似有所悟地再次用力地把手往桌上一拍："把她的衣裤都给我扒下来！"他的声音像深夜里饿狼在号叫一般，特别是最后那个"来"字拖得很长在停住。

站在两旁的四个特务，立即一齐窜了过去。

好久不作声的江竹筠，这时猛然厉声大吼："不准你们动我！"

"怕！那你说！"

"我当然要说,你好好听着!"对这一回答,徐远举高兴极了,立刻把手一摆:"等一等,让她先说!"站在她身边的特务又退了回去。

徐远举向左右坐的两个担任记录的特务吩咐:"好好给我记!"

江竹筠向前跨进一步，好像怕别人听不清楚她的话似的："我是连死也不怕人，还怕你们用这种卑鄙的手段来对我？我问你，你的妈妈是不是女人，你的祖母是不是女人，你的老婆、女儿都是不是女人?！你今天想用这种侮辱女人的方法来侮辱我，被侮辱的，不是我一个人，而是连你的妈妈、祖母、妻女都侮辱了！如果你不怕全世界的女性来谴责你，那你就来剥吧！"说完把胸一拍，并作解衣扣的手势。

这一连串像炮弹一样的、义正词严、理直气壮的斥责声，真是掷地有声！徐远举满脸涨得通红，气得话都说不出来了。而江竹筠却更昂着挺立，像顶天立地的英雄，屹立在敌人面前！

徐远举简直都要疯了！他万万没有想到，在一个看似纤弱的年轻女性面前，他精心设计的劝诱、威逼，乃至恐吓等一系列手段，都一个个失败了。他怎么也不明白："为什么在别人身上适用的、常人很难面对的'绝招'在她身上却毫无用处，难道她是用特殊材料制成的吗？难道我就栽到这样一个女人面前吗？"想到这，徐远举几乎是在咆哮："把江竹筠给我拉出去！动刑！"

行刑人员和特务已准备好刑具，一个个虎视眈眈地看着江竹筠，就等徐远举一声令下。

跟着进到刑具室的徐远举抱着最后的幻想，他右脚蹬在"老虎凳"上，近距离冲着江竹筠说道："人虽有情，可刑具无情。在动刑之前，我想再问一遍，你可想明白了：游击队在哪？你的上级、下级都有谁？说是不说?!"

江竹筠像是根本没有听到徐远举的最后通牒，把高昂的头向左一扭，双唇紧闭，一言不发！

"上刑具!"徐远举气急败坏地把手一挥。

"说不说?"行刑人员把特制的竹筷子夹在了江竹筠的手指上。

"说不说?"行刑人员将夹在江竹筠手指上筷子慢慢加劲、拉紧，江竹筠痛得昏了过去。特务们用冷水将江竹筠浇醒，她忍受着巨痛，仍就一声不吭。

"说不说?"行刑人员再次把竹筷子夹在了江竹筠的手指上，又是加劲，勒紧；又是昏过去，又是重新浇醒……

看着仍然不肯招供的江竹筠，徐远举咬牙切齿地挤出了三个字："钉竹签!"

“到底是说是不说?!”行刑人员手握铁锤、竹签，威胁着。

没有回答。

“钉!”

人们仿佛看见绳子紧绑着她的双手，一根竹签对准她的手指尖——鲜血飞溅……

“说，快说!”

没有回答。

“不说，拔出来！再钉!”

江竹筠已经没有声音发出了。

“把她泼醒！再钉!”

……

特务和行刑人员早已精疲力竭，江竹筠却依然双唇紧闭，一言不发。

江竹筠再次昏死过去。

“把她带下去!”

这一夜是一个极不寻常的夜晚。渣滓洞十六间男牢房和两间女牢房的二百多名难友几乎是彻夜未眠，他们轮流守望在窗口，盼着被夜间提审的江竹筠早些回来。那特务们的吼叫声、各种刑具撞击声和一次次泼水声，都一阵阵剧烈地刺痛着每个人的心，他们时时刻刻惦念着江竹筠……

朝霞终于又透过山峰，照亮了这个黑暗的角落。

那夜间刑讯的嘈杂声音停止了。

院坝边的黑门，这时忽地开了。只见两个特务正在外面将受刑后仍在昏迷中的江竹筠拖着向里面走来。

紧跟在这后面的，是中美合作所渣滓洞集中营看守长徐贵林，人送外号“猫头鹰”，这个参与对江竹筠用刑的家伙，睁开两只熬得通红的贼眼，向院坝边的男女牢房一一扫视过去，仿佛又要像往常那样掏出枪来虚张声势："别小看，我这支枪，处决过三百个共产党！执行前一天，它就会自动跳出枪壳！在渣滓洞，遇到我徐某，保证三百米之内，一枪废命。"

江竹筠被女牢房的难友扶回牢房，让她躺下来。同牢房的难友忙着替她拭去血污，包扎伤口。

这时候，就是在这个被敌人严密监控的集中营里，由于囚禁在里面的革命者的长期努力，大家的相互支持配合，在每间牢房之间的墙壁上都被凿通了一个小洞，并由此在牢房间形成了一个极秘密的通信孔道。各牢房的同志们，通过这个孔道相互传递重要信息，相互支持和鼓励，相互关心和帮助。

各牢房的同志们敬佩江竹筠的大义凛然和威武不屈，深为江竹筠坚强的英雄行为所感动。就在江竹筠经过刑讯被送回牢房后，各个牢房的同志们就利用小小的秘密通信孔道，向江竹筠所在的女牢传信，向江竹筠表示慰问并表示深深的钦佩之情。其中有不少同志还写了震撼心灵和由衷颂扬的诗歌。很熟悉的刘国铉在江竹筠受酷刑拷问之后所作的《黑牢诗篇》中这样写道：

可以使肉烧焦，
可以使筋骨折断，
铁棍子，
木杠子，
撬不开紧咬的嘴唇！
那是千百个战士的安全线呵，
用刺刀来剖腹吧，
挖得出来的，

也只有又红又热的心肝!

还有一首由何雪松写的《灵魂颂》的诗，则道出了许多同志的心声：

你是丹娘的化身，
你是苏菲亚的精灵，
不，你就是你，
你是中华儿女革命的典型!

江竹筠终于醒过来了。她听难友为她读了同志们的来信后，深受鼓舞，也十分激动。她躺在那里，自己不能握笔，就请同牢难友代笔，将她心中的话告诉大家。

她说得很慢，很吃力。她说：“我感谢同志们，同志们太好了，我算不了什么！……严刑拷打”……说到敌人严刑拷打，江竹筠眼前忽然出现了苏联女英雄丹娘的坚毅形象，只见丹娘高举右拳大声说道：“你们可以尽兴地打我，你们可以打死我，可苏维埃并没死，苏维埃还活着哪！他们一定会回来！”江竹筠沉默片刻，猛然间使出全身气力，铿锵有力地说：“严刑拷打算不了什么，竹签子是竹子做的，而共产党员的意志是钢的！”

渣滓洞集中营中有个院坝。院坝的一边是座一楼一底的男牢房，楼上楼下各有八间牢房，一共有十六间男牢房；院坝另一边是幢平房，设有两间女牢房。

正躺在牢床上养伤的江竹筠，忽然被一阵低沉、坚定的歌声吸引住了。她屏息静听，那歌声仿佛在叙说着歌者的心声：

为人进出的门紧锁着，
为狗爬出的洞敞开着，
一个声音高叫着：
“爬出来吧，给你自由！”
我渴望自由，
但我深深地知道：
人的身躯，
怎能从狗洞子里爬出？
我希望有一天，
地下的烈火冲腾，
将我连这“活棺材”一齐烧掉，
我应该在烈火与热血中，
得到永生！

歌声是从男牢房中传出来的。女牢房和男牢房一号、二号牢房相距最近，不过二十米之遥，歌声听起来清晰极了。她知道，这是被称之为“六面壁居士”的叶挺将军，在狱中写下的《囚歌》。这是一首多么鼓舞斗志的歌啊！歌中抒发的，不正是渣滓洞集中营所有革命同志的心声吗?！江竹筠深有感触地想。想到这，她连忙把在门口听歌的曾紫霞叫过来说：“紫霞，你嗓子好，来，也唱一首，鼓舞鼓舞我们的男同志！”

“好吧，江姐，我来唱！”曾紫霞爽快地答应着，然后喝了口水，润了一下嗓子，就放开歌喉动情地唱了起来：

骑白马，挎洋枪，
山哥哥吃的是抗日军粮，

有心回家看姑娘，呀呵嘿嘿，
要打鬼子顾不上！

在曾紫霞唱歌的同时，江竹筠让另一位女同志拿来棉花烧制的墨汁，用竹签蘸着，在一张纸条上写道：“让我们大家用歌声相互鼓舞，用歌声同敌人作斗争吧！”江竹筠把写好的纸条交给难友，从墙上的通信孔道中传给大家。

曾紫霞的歌声刚落，不知是哪个男牢房中又将歌声回应过来：

赤膀条条任去留，
丈夫于世何所求，
窍恐民气摧残尽，
愿把身躯易自由。

男牢房的歌声一停，曾紫霞接着又唱了一支：

岂有这样的人，我不爱他？
他是个真情汉子，从不弄虚作假，
这才值得人牵挂——
就说他是个穷人也罢，
有钱岂能买得爱情无价？
就说他是个犯人也罢，
是为什么他才去背犯人枷？
他是这样爱得深、爱得真、爱得大，
他与祖国命运不分家，
他爱朝阳，爱月夜，爱冰天雪地，

爱春花，更爱江水天边那一抹红霞。

江竹筠也不禁跟着唱了起来。曾紫霞圆润浑厚又充满激情的歌声，不仅给了狱中难友以深深的慰藉和激励，江姐同时也听出，这歌声肯定也会给正囚禁在男牢房的刘国鋕以极大的鼓舞！隔壁女牢房的同志们积极响应着，也行动起来。一位语文老师这样唱道：

高大的橘树啊，
枝叶纷披。
生长在这南方，
独立不移。
绿的叶，白的花，
尖锐的刺。
多么可爱啊，
圆满的果子！
由青而黄，
色彩多么美丽！
内容洁白，
芬芳无可比拟。
根植深固，
不怕冰雪雾霏。
赋性坚贞，
类似仁人志士。

不知从什么时候起，当一首歌刚一唱完，各个牢房就报以掌声，而且这掌声越来越响。一阵掌声才过，人们忽然听到了来自二楼男牢房有节奏的铁链敲击声，接着传来的是轻轻而又低沉的男声合唱，而且渐渐地，这合唱的歌声变得昂扬激越起来。

起来，饥寒交迫的奴隶，
起来，全世界受苦的人！
满腔的热血已经沸腾，
要为真理而斗争！
…………

歌声，像一阵响亮的战鼓，击破禁锢天空的层层乌云；歌声，像战士冲锋的号角，唤起人们战斗的激情。这声音啊——像远征归来的壮士，用胜利的微笑，朗声呼唤亲人的姓名，更像坚贞不屈的革命者，在敌人的绞刑架下，宣扬真理必胜！

高昂的歌声，似战鼓，如号角，像春雷一样激起了强烈的共鸣。

“旧世界打个落花流水……”人们应声唱着。

“奴隶们，起来，起来！……”更多的人放开喉咙唱起来，楼上楼下，男女牢房，汇成一片，响起了雄伟庄严的歌声。

“不准唱歌！”猫头鹰号叫了一声，成群的特务也跟着叫嚷。

“谁再唱，马上枪毙！”猫头鹰仍像往常一样，手在枪上一拍。

可是，那春雷一般的，万众一心的声浪，一旦涌起，怎么能会被这蚊蝇的“嗡嗡”所遏制？这高昂豪迈的歌声震撼魔窟，激荡山岗，传遍九宵！

春天般的温暖

牢中自从有了歌声，也就在各个牢房的同志之间架起了一座相互交流的空中桥梁。通过这座桥梁，大家相互关心、相互鼓励和相互支持。歌声使大家更团结，更有力量，更增强了同敌人作斗争的信心。

但时隔不久，细心的江竹筠发觉，曾紫霞虽然歌声优美依旧，却缺少了内在的激情。经过与曾紫霞攀谈，才知道刘国鋕已被从男牢房押走。刘国鋕被押走的消息纸条，是两天前早晨由通信孔道传过来的，当时江竹筠正低头整理床铺，曾紫霞看过后，就闷在了心里。“国鋕被押走了，押到了什么地方？会不会异地受刑？或者是被敌人秘密……”曾紫霞不敢再往下想。

江竹筠弄清了事情的原委后，便主动帮曾紫霞分析情况，化解她心中的忧虑。她语气和缓地对曾紫霞说：“国鋕被捕前，不是党组织的负责人，没有分管某一方面的组织领导和联络工作，叛徒冉益智也仅仅了解在银行中与学生运动有关的‘研究室’的简单情况，加上国铓的公开身份一直没有变化，家庭在社会上的影响之大，以及他平时表面上的生活习惯，所以，在人们眼里，他始终是一个刘家大少爷的形象。我分析敌人不仅不会对他下手，相反，在对他的重视程度上会有所降低，这一点你不必太忧虑。现在关键是要尽快弄清他的下落，别让他的好姑娘想他想得这么愁，我们一起努力好吗？”曾紫霞不好意思地笑了，紧锁的眉头也舒展了许多。

然而，渣滓洞集中营看守所长李磊与几个特务在女牢门前的一段谈话，却让曾紫霞刚刚放下的心又揪了起来。

“二号男牢的刘国铓押哪去了？”

“刘国铓，早放出去了！”

“他毕竟是刘家的大少爷嘛，哪受得了这里这个罪！”

……

连日来，她依在风门口，就只呆呆地望着院坝对面男牢房那一排风门，望着院坝上空那一片阴森森的天空，浑身仿佛一点气力也没有。曾紫霞心里在问：“国铓，你真的经不住考验了吗？你真的动摇了吗？你真的放弃你要为之奋斗一生的理想了吗？”凭她对他的了解，她绝不相信；江竹筠也了解刘国铓，同样不相信。但她们都无法找到证实自己判断的依据，都恨不得马上弄个水落石出。

男牢的第二号牢房传出一阵呼喊声和空碗的敲击声响。

伤好多了，依在牢门口向外眺望的江竹筠从男牢房轮流放风时早就看出：男牢楼上第一、第二号牢房关的人特别多，年轻的同志也多，但集中营里送来的牢饭，不分人多人少，都是一桶饭。男二号牢房的呼喊和空碗的敲击声，就是因为饭少不够吃，难友们表示的不满和抗争。“饭太少了，饿死人啦”，“当当当，当当当！”又一阵喊声和敲打声传来，她一听就明白了：楼二室关的人比女牢房多一倍多，但分的饭却一样多，他们当然不够吃！

“我们这里还有剩饭!”江竹筠的话刚一喊出，就被两间女牢房的同志们接过去，众口齐声喊道:“女牢还有剩饭!”

“当班的，帮拿过来吧!”

值班看守特务只得亲自动手，将女牢多余饭送到楼二室。

连送了两天之后，楼二室的同志再叫特务送女多余的饭时，特务们就显得十分不耐烦，于是特务打开楼二室的牢门，喝道：“你们自己去拿吧。”

特务监视的目光，紧盯着到女牢取饭的同志。

次数多了，特务的监视渐渐松了下来。

江竹筠敏锐地发现：取饭将为男牢和女牢间的联络增加一条新的通道，应该把握好、保护好。

楼二室的同志又来取饭了。来人在提起饭桶的片刻间，对江竹筠悄声说道：“他问侯您!”说罢就匆匆上楼去了。

江竹筠抬眼向楼二室望去，牢门敞开处，只见下川东地委委员杨虞裳站在牢门口，正微笑着向她点头致意!

江竹筠也只能同样地微笑着向杨虞裳点头致意!

杨虞裳瘦弱的身躯瞬间被牢门遮住，看不见了。

但她却不禁想到：杨虞裳在万县就受过酷刑，坚强的革命意志，终于使他倔强地挺过来了。可是，他被捕时是在教书的课堂上，扔下课本和粉笔，就被特务带走了，他两手空空，一无所有。在集中营里，酷暑季节他还挺得过去。到了冬天，这该怎么过得去呢？另外，还有多少同志也同样如此呢？他们怎么过冬，他们的棉衣如何解决？江竹筠陷入了深深的思考。

又是一阵急骤的竹梆声响过，渣滓洞集中营院坝边的黑门开了，一个瘦瘦的、中等身材的青年被押进来，关进了男牢房楼上第一号牢。

通过狱中牢房间的秘密通信孔道，楼一室传出了确切消息：来人名叫罗广斌，曾是云南学生运动领导人之一，但此人的的确确是国民党兵团司令罗广文的亲弟弟。

他来这里干什么？在集中营被囚禁的同志当中，有十几位曾参加过华蓥山武装起义，起义遭到罗广文兵团的派兵镇压，他们都是被罗广文兵团的士兵绳捆索绑，押送到这个集中营来的，而且这些同志还清楚地记得，彭咏梧同志所领导的游击队在华蓥山一带遭遇的国民党匪军，正是罗广文兵团的部队，彭咏梧同志恰恰是被罗广文的部下枪杀，并被残忍地割下头颅挂在了城门上。罗广文的弟弟此时在这里出现，当即在狱中引起了强烈的警惕，而且在审视的目光中充满了敌意。

楼一室男牢的同志立刻统一了认识，并组织起来，对罗广斌采取了严格的隔离审查措施。

消息迅速传到了女牢房，传到了江竹筠耳中。

“真会是他?”

男牢房开始轮流放风，楼一室开始放风。楼一室的战友一个一个地从楼上走下楼，到院坝放风、上厕所。

江竹筠通过女牢的风门口，一眼就认出新来的人，果然是罗广斌。江竹筠悄悄地摆了摆手，罗广斌恰巧也看见了她。罗广斌大大的、略显凸出的眼睛还是那么坚毅和自信，整个神情仍然是坦坦荡荡，无所畏惧。她立刻就明白了：又是叛徒冉益智出卖了他，敌人的特务机关肯定还将在他身上打主意，但她始终坚信，已在风风雨雨中走过来的罗广斌，是会经得住任何考验的。

为了清除一些同志的误解，免除罗广斌同志的不白之冤，使狱中同志更加团结一心。江竹筠决定通过秘密通道，告诉楼一室的同志：她对他有全面的了解，罗广斌是个好同志，可以信赖！

楼一室对罗广斌的隔离审查结束了。罗广斌终于在新的环境中，又回到了同志们中间。当楼一室的同志握着他的双手，称他为同志时，这个平时轻易不落泪的青年人，也禁不住激动得泪水潸然。而让江竹筠担心的是，叛徒冉益智极有可能将罗广斌与刘国鋕早在昆明就相识这层关系也出卖给敌人，敌人会在这上面做文章的，希望罗广斌能识破敌人的欺诈伎俩，沉着应对。她把自己的分析考虑用简单意会的词语，通过小小的孔道提前告知了罗广斌。

江竹筠从放风的男牢房的同志中看到了何理立的丈夫、战友仲秋原同志。他被关在楼下的一号牢房中。江竹筠觉得，应该把何理立在外边的一些情况，设法悄悄告诉他。

竹梆声每次响过，总有新的革命者被囚禁到暗无天日的集中营来；每到这时，她的心总是牵挂着那些同志怎样应对新的严峻考验。她尽可能地多给狱中的同志一些关怀、安慰、提醒和帮助。

酷暑已渐减弱、消退，一早一晚开始有了凉意。

这天一早，就听到狱外响起了急骤的竹梆声，又听到汽车在车场停下的声响。但使人纳闷的是，既未看见有人被押进院坝，也没有看见担任警戒的特务们进院坝来。

终于看见值班的看守特务提着一串钥匙，大步向楼上的牢房走去，看守特务推开楼一室的门，大声喊道："罗广斌，出来!"

接着，人们就看见罗广斌被特务押着，穿过院坝，从院坝边的黑门走出去了。

放风的时间又到了，依旧是各个牢房轮流放风。牢房门前，院坝中的看守特务也多了起来。在江竹筠所在女牢门口，一位年轻的看守像是故意让她们听到一样，议论着刚刚发生的事。

"哎，我说你看到没有，从咱们这押到白公馆监狱的刘国鋕又被押回审讯室了。"

“他押回也好，不押回也好，关咱们屁事。”

“还有那个一动刑就招了的冉益智也来了，穿了一身上校军衔的服装，我都差点儿认不出来了！”

“这小子还真有本事，在哪都当官呀！”

江竹筠注意听着，曾紫霞也在一旁眼睛眨都不眨地认真细听。当曾紫霞听说刘国鋕已从白公馆监狱押回到渣滓洞集中营的审讯室的消息后，她的心“怦怦”地跳个不停。不是说他“出去了”，他“受不了这个罪”了吗？怎么还会从白公馆押来？他和罗广斌又会有什么关系？……

曾紫霞从看守的谈话中，似乎已经找到了刘国鋕的下落，但还是不明白究竟发生了什么。曾紫霞迷惑不解的目光从风门外移向牢房内，移向正由风门口向外探视的江竹筠。江竹筠像知道曾紫霞的心事似的，注视着她迷惘的眼睛，小声说道：“紫霞，听我说，我看，不会有什么的。等一会儿，小罗回来了，肯定什么都会弄明白了。”

江竹筠似乎早洞察了一切。她讲得那么有信心，使曾紫霞也不禁平静了许多。

牢房里静极了，人们相互依偎在一起，心脏跳动的声音，彼此仿佛都能听得到。

时间，在等待中一分钟一分钟地缓慢逝去。

“哐当！”院坝边的黑门开了，又黑又瘦的罗广斌的身影一闪就进了院坝。但曾紫霞她们怎么也看不见他的面孔，押送他的特务高高的身材将他的面孔挡住了。直到罗广斌踏上去二楼牢房的楼梯，他的身体比跟在后面的特务一下高出大半截时，曾紫霞她们才看见罗广斌回头向女牢房一瞥的脸庞。罗广斌的上楼动作，到大踏步的进入牢门，给人一种胜利凯旋的感觉；而他那瞬间的一瞥，似乎在暗示他有什么话要说。

“江姐”，曾紫霞喃喃地像是自言自语地问道：“小罗见着国鋕了吗？”

“很可能见到了。他现在只是没有机会告诉我们，他准会设法告诉我们的。”

时间，又在等待中缓慢地消失了。这可又是一整天呀！

直到第二天，照例放风的时候。轮到二楼一室放风了，曾紫霞眼巴巴地注视着从楼上走到院坝里来放风的同志。眨着一双大眼睛的罗广斌也开始在院坝里散步，走到靠近女牢房附近，他的目光停留在江竹筠身边，但突然出现的特务身影却使他一转身，又若无其事地走开了。

响起了收风的急促哨音。楼一室的同志都纷纷转过身向楼梯边走去。一个看守特务最后上了楼，停在楼一室门口，清点着回牢房的人。院坝里已不见特务的踪影。走在最后、靠近女牢房、就要上石梯的罗广斌回顾未见特务，忽地将手中的一个纸团向女牢房江竹筠站立处掷去，而后便从容上了石梯，向楼上的牢房走去。

楼一室的牢门“哐当”一声，在罗广斌的身后紧紧关上了。

但就在这时，只见一群特务忽地从院坝边的黑门跑了过来，立即在女牢门前设下岗哨，同时一些特务冲上楼去，在二楼牢房前的走廊上又设下一排岗哨。

“马上搜查！”

看守长一声令下，女牢房、男牢房二楼一室的牢门立即“哐当！”“哐当！”被打开了。

一次完全没有任何预兆的突击搜查！

出什么事了，谁也不知道。

女牢房和男牢房楼一室都没有查出任何可疑的东西。

楼一室的罗广斌却被看守长叫出来，“说，说你向女牢房扔了什么东西?”

“我什么也不知道。”罗广斌说，“我刚才只是和大家一样放风、收风，我哪里扔什么东西了。”

“哼?!”看守长狞笑道，“你还嘴硬！你以为没人看见？不，你的一举一动都在我们的监视之中，有人亲眼看见你往女牢房扔东西了。”

“那么，有什么凭据——说我扔了东西?”

“没有凭据就不能把你怎么样了?!”看守长随即大声喝道：“来人！给他上副重镣。看他还敢不敢?!”

一副沉重的铁镣，“当啷啷”地拖进院坝，拖上了二楼，重重扔在了楼板上。

楼一室出现了铁镣的声响。

曾紫霞不安地走向江竹筠，却意外地看见：江竹筠的脸上，瞬间竟闪现几分宽慰的笑意。

“江姐，小罗真向牢扔了什么吗?”

“真的。”江竹筠迅速地向牢房的风门口扫视一眼，悄声答道。

“我怎么也没看见呀？我，那时不也是站在风门口边的吗?”

“紫霞，你站在门那边，眼睛只顾盯着特务——担心特务会看到什么。”

“那，小罗究竟扔了什么给我们?”

“一个纸团。”

“在哪里？特务怎么也没有搜到?”

“我看后，就立刻吞掉了。”

曾紫霞分外激动起来，她紧抱住江竹筠的对肩，将头靠住江竹筠的头。然后，将嘴对着江竹筠的耳朵，悄声问：

“说，是不是说，他见着他了？”

江竹筠也悄声回答：“是呀！见着了国锰，还看见了那个无耻的叛徒。”

“江姐，他没说国锰怎么样了？”

“小罗就想告诉你呀！”

“告诉我什么？”

“他——还是像过去一样勇敢坚强！他们都说，俩人只是在昆明上学时相识，其他什么也不了解。”徐远举拿他们毫无办法，最后只好又吩咐把他送回白公馆监狱去了。

此时，曾紫霞心头的一块石也算落了地，她觉得幸福极了。她感激江姐无微不至的关心爱护，使她的心同刘国锰的心贴得更近了。她深深知道，跟党走，为全国的解放而斗争，为实现共产主义理想而奋斗，是她与刘国锰爱情幸福的基石，他们至死不渝！

一位身材高大、憨厚朴实的孕妇被关进了集中营，被关进了江竹筠所在的女牢房。

她名叫左绍英，是地下党川东临委书记王璞的妻子。尽管左绍英也是一名共产党员，但地下党组织出于王璞同志的安全考虑，只是让左绍英以一个妻子的身份，而且是家庭妇女型妻子的身份出现。平时，她除了照顾王璞同志的日常生活、衣食起居外，还负责在家中协助王璞同志整理和销毁文件信函，从不接触党组织的联络工作。所以，几乎没有人知道她是共产党员。由于叛徒冉益智出卖，敌人顺藤摸瓜，找到了王璞同志的家庭住处。幸好发现及时，王璞同志没有回家即被安排转移，敌人只得把王璞的妻子左绍英带了回去。

敌人对左绍英进行了突击性审问。可是，敌人除了从冉益智嘴里知道她是王璞的妻子之外，其他什么情况也不知道。敌人审问她时，她说，她对王璞在外面做了什么，一概不知。敌人试探她是否识字，把记录倒拿着递给她看，她也就倒拿着看。看着这个十分憨厚、大字不识和一无所知的妇女，敌人只好做出了不是共产党干部的初步结论。

左绍英毕竟是川东临委书记的妻子，这个特殊身份，徐远举还是非常关注的，他不想轻易放弃这条重要线索。他决定把左绍英押往渣滓洞集中营囚禁、并异地再审。他选派得力下属而且认真作了交待，要求想方设法、包括用刑，来迫使左绍英交待出王璞的下落和地下党的联络地点。敌人问她王璞去了哪里，她说他去什么地方从来不跟她说，也不让她问。敌人又问她去过什么地点，她说去过菜市场、茶货店、大排档。敌人问她还知道什么，她说还知道“重庆辣子鸡”，只在过年做过一次，平时买不起；“麻辣豆腐”倒是经常吃，但是丈夫嫌她总是麻椒放得太多，辣椒放得太少。无可奈何的敌人只得对她用刑。可是，当四个特务费了很大气力才将身材高大、使劲不让敌人摆布的左绍英捆在了“老虎凳”上，刚要上刑，就见左绍英忽然大汗淋漓，并发出疼痛叫声。特务见左绍英有临产症状，担心继续用刑会发生意外，于是电话请示徐远举。徐远举吩咐，把左绍英囚入渣滓洞集中营女牢。

左绍英被从“老虎凳”上放下来，就一直觉得全身的骨架像散了似的，肚子痛得厉害。她被关进女牢房后，躺在那里，更觉得天旋地转，肚子痛得更厉害了。

左绍英躺在同志们七手八脚铺好的床上，咬着牙，强忍着疼痛，豆大的汗珠又从她额头上流淌下来。左绍英心里很明白：“敌人让自己活下来，并不是因为有孕在身，使敌人动了怜悯之心，敌人还是在打老王的主意呀！”

人们关切地围坐在左绍英身边，紧张得有些不知如何是好。受震动和强烈刺激的胎儿，后果不堪设想，而她身怀七个多月的胎儿能否保住？谁也无法断定她母子能否平安闯过这一关……即使是最好的结局，胎儿保住了，三个月后，孩子在这里生下来，有条件将孩子带大吗？要是现在就生下来，这不足月的孩子，在这一个一无所有的恶劣环境里，能养活吗？

江竹筠一边安慰左绍英，询问她的感觉，观察她的反应，一边告诉大家不要慌乱，当务之急，就是做好接生的准备。江竹筠简单做了一下分工，于是大家就分头准备开了。有的把一件棉大衣撕开，掏出里面的棉絮；有的拿出洗干净的旧衣服，扯成一片一片的；有的撤出自己铺的褥子，准备给出生的孩子用……

江竹筠还安排了牢中难友每两个人一班，轮流守护着左绍英，又同两名生育过孩子的难友商量接生孩子应该注意的事。

漆黑的夜幕，笼罩了牢房的每一个角落。

没有星星和月亮的夜晚，天黑得像染过一样。挂在牢门口外的狱灯，闪着香火似的红光。

夜深了。冷风阵阵，带着浸骨的寒意。

忙碌了半天的江竹筠，才想靠在床头休息一下，左绍英又是一阵疼痛，她甚至开始呻吟起来，看护她的难友，为她轻轻地抚摸着隆起的腹部。

曾紫霞这时从靠墙床边走来，小声对着江竹筠说道："隔壁女牢的同志询问孕妇的情况。""转告她们，已经做好了接生的准备。"江竹筠说着，又用手指了指对面院坝那边的男牢房，"他们很多人没睡。""肯定是担心着左绍英同志，别的还会有什么？"曾紫霞猜想道。

"江姐，快过来，有情况了。"看护左绍英的难友叫了起来，左绍英的呻吟几乎变成了呼喊。"我们过去！"江竹筠招呼另两位难友迅速来到左绍英身边……

忽然，“哇——”的一声，左绍英不满月的婴儿居然在这暗无天日的牢狱之中诞生了！

乳婴尖锐的啼声惊动了院坝内的所有牢房。

二楼男牢房有的同志竟不顾狱中禁令，大声冲着一楼男牢房的同志说道：“男孩还是女孩，问问那边女牢！”

“是一朵花！”女牢直接而又高声地回答着。

经过几乎是一夜的折腾，疲惫的左绍英睡着了，她身旁襁褓中刚刚出生的婴儿在吃过母奶后，也睡着了。天亮了。天边出现了一抹红霞，江竹筠站在牢门口，迎着曙光，想起了渐渐长大的云儿，心中充满了美好的希望……

“到时间了，该放风啦！”“我们的孩子出生了，我们要去送东西！”放风时间还未到，男牢房的难友们就嚷开了。

这天放风的时间似乎早多了。楼上楼下男牢每间牢房出来放风的同志，下到院坝边的时候，几乎每个人的腋下都夹着点物品。他们排着队，依次将物品放在了女牢门前。这当中，有送毛毯的，有送衣服的，有送围巾的，还有刚入狱的一位男同志送来了半瓶奶粉。而隔壁女牢的难友们，以女同志特有的细心，把干净衣服撕好的尿布叠成一打一打的，连同襁褓的裹布包成一个包袱也送到了牢前。杨虞裳是上着课被捕的，随身没有携带什么东西，他就将妻子当年送给他的定情之物——一块洁白的、梅花刺绣的、一直舍不得用的蚕丝手帕送给了孩子。

江竹筠从风门口望着大家送来的物品，心情也和左绍英一样，充满着做母亲的感激之情，她不禁一再说：“同志们太好了，谢谢。”

又有几名难友在牢门前放下物品后，随即问道：“给孩子起名了吗？叫什么？”

“还没有。姓名要和孩子的母亲商量一下，乳名吗？既然我们的女同胞称她是‘一朵花’，那就叫她‘监狱之花’怎么样？”江竹筠笑着回答，同时又谦虚地征求对方意见。

“好，就叫‘监狱之花’！”

“我们有了‘监狱之花’喽！”

“监狱之花”亮晶的眼睛睁开了，是那么逗人喜爱。

女牢里忽然增添了无限的生气和乐趣。男牢房的同志们，在放风路过女牢门前时，也不禁总是把目光向女牢投去，都想看看心中特别珍贵的后代。

几天来，集中营里所有难友们的心情都特别好，仿佛那一声啼哭，石破天惊般地驱散了监狱上空的阴霾，也赶走了积压在难友们心头的沉重和不快，每张脸都是那么灿烂，闪耀着激动和幸福的光彩。

牢中的同志们像过节一样，一直在为新生命的到来，沉浸在喜悦和幸福之中，人们或歌或咏，庆祝着“监狱之花”的诞生。隔壁女牢那位语文老师写了一首小诗，从通信孔道中传了过来，江竹筠让曾紫霞读给左绍英听，并让牢中其他同志共同分享。曾紫霞用圆润的嗓音读了起来：

小小的婴儿，
不哭不闹。
躺在妈妈怀里，
梦里露出甜甜的微笑。
不要受惊害怕，
来——让我将怪物赶跑！

我要看见你醒来时，

幸福的伸个懒腰。

左绍英听着这动听的诗句，望了江竹筠一眼，又看了看怀中的“监狱之花”，会心地笑了。“哐！哐！哐哐哐！”男牢房二楼一号房间内传来镣铐有节奏的撞击声，紧接着罗广斌那声音浑厚的诗朗诵又铿锵有力地传了过来：

这是何等响亮的一声呐喊，

黑暗在梦中惊颤。

又一扇生命之门打开，

启程的小脚丫步履蹒跚。

道路依然崎岖不平，

尽管还有沟沟坎坎。

坚定勇敢地走下去，

生活必然充满考验。

阳光会给你指点方向，

灯塔将矫正你的航线。

狂风暴雨能洗去你的浮尘，

熊熊烈火定把你所有阴湿烘干。

大踏步地向前吧——

那里是万紫千红，风光无限！

“小罗的思想是越来越成熟了，你看，诗写得多么鼓舞人心！”江姐兴奋地在胸前紧握了一下右拳。曾紫霞深有同感地点了点头，然后接着说：“小罗、国锭还有我，都是在斗争中，才磨炼得日益成熟起来。”

天已是黄昏时刻了。江竹筠和曾紫霞站在牢门口，刚刚聆听完那备受鼓舞的诗句，忽然又被男牢房里传来的歌声吸引住了。她们分辨不清这歌声来自楼上还是楼下哪一个房间，但字字句句却听得清楚极了，而且，那歌词是那样深入人心，让人一听就很快记住了；那乐曲是那样扣人心弦，过耳一遍，就能使你跟着唱起来——

我们是天生的叛逆者，
我们要把这颠倒的乾坤扭转；
我们要把这不合理的一切打翻！
今天，我们坐牢了，
坐牢又有什么稀罕？
为了免除下一代的苦难，
我们愿——
愿把这牢底坐穿！

江竹筠、曾紫霞和女牢的战友们，都不禁也跟着唱了起来。

“监狱之花”看看这个，看看那个，似乎也要张开稚嫩的小嘴，同大家一起歌唱。“监狱之花”是狱中的花朵，革命的后代，祖国的未来。

无论走到哪里，无论是对曾紫霞还是左绍英，或者其他同志，江竹筠始终都是把他人的冷暖安危挂在心上，对待同志像春天般的温暖。

为了胜利的到来

春节已经过去好几天了，但几乎和所有牢房里同志们的心情一样，曾紫霞还沉浸在春节联欢活动欢乐美好的回忆之中。

从 1948 年 9 月 12 日到 1949 年 1 月 15 日，经过短短四个月时间，中国人民解放军就取得了歼敌 122.8 万人的辽沈、淮海、平津三大战役的伟大胜利。蒋家王朝已是岌岌可危，风雨飘摇。在这胜利消息不断传来的背景下，渣滓洞集中营的同志们经过努力抗争，终于在敌人的严密监视中，举办了隆重而热闹非凡的春节联欢会。同志们是在利用传统节日，庆祝“三大战役”的伟大胜利，庆祝中国共产党的伟大胜利，庆祝全国人民的伟大胜利，企盼全国解放的早日到来。

细心的江竹筠，为了使春节联欢节目达到最佳的演出效果，组织牢里姐妹通过通信孔道，利用放风时间，收集编排春节联欢节目单；她还和同志们把旧牙刷柄、草纸等材料制作的金色和红色五角星、镰刀、锤子等集中起来，分发给大家，以增添节日的气氛。

“噹——噹——噹”，随着三声铜盆敲响，渣滓洞集中营难友春节联欢会在院坝上正式开始了！

首先是歌舞表演：叠罗汉。只见铁门哗啦一开，一连串的人影，打着空心筋斗，翻了出来，博得同志们齐声喝彩。接着，几个人聚集拢来，站成一个圆圈，又有几个人爬上去站在他们肩上，又有人再爬上去……一层、两层、三层……他们叠成了罗汉。站在最上边的一个人，满脸兴奋地微笑着，站得比集中营的高墙、电网更高，手里迅即展开了一面红纸做的鲜艳的红旗。歌声在周围渐渐响起：

一杆红旗
哗啦啦地飘，
一心要把
革命闹；
盒子枪、土枪，
卡啦啦地响，
打倒那劣绅和土豪！

这首歌正是监牢外根据地游击队员们最爱唱的歌曲，由曾紫霞领唱。

“象征意义很深刻。”有人轻轻地说。

“是啊，好极了！”瞧他们的罗汉叠得真高！”

“好啊，好啊！再来一个！”掌声像炸雷一样，久久不息。

被掌声惊动的看守特务，有的像被磁铁吸着一样，情不自禁地来到院坝中演出的地方，也看起了节目，还稀里糊涂地跟着鼓掌叫好。

接着下来，表演节目的是六名戴着脚镣的男同志。只见他们在演出场地列成了两排，在前排中间领舞的正是罗广斌。只见随着罗广斌一声镣响，他们六个人即刻不顾疼痛，不怕受伤，异常兴奋地跳起了踢踏舞。那叮当，铿锵有力的节奏，扣人心弦，动人心魄，显示着革命者的力量和勇气；那脚镣似乎已不是什么刑具，而是“角斗士”手中锋利的武器，随时随地会向敌人咽喉刺去；那脚镣重锤般地敲击，就是要彻底震碎这“人间地狱”！

又是一阵雷鸣般的掌声，群情振奋，特务们却紧张地有些心悸。紧接着，十几名女牢的同志身穿红被面做的衣裙，一边扭着秧歌，一边唱着歌，走进了场地，江竹筠走在最前面。

正月里来是新春，
赶着牛羊出了门，
猪呀，羊呀，
送到哪里去？
——送给那英勇的解放军……

那些高墙上负责警卫的特务，本来也在看着节目，而女牢同志一句“解放军”就吓得他们脸色铁青，紧张地移动机枪，枪口瞄向欢乐的人群，仿佛解放军已兵从天降。

有人笑道：“瞄准有什么用？蒋介石忙着喊停战，没工夫下命令开枪。”

又有人笑道：“真有意思，这里既可以唱歌，又可以跳舞。开联欢会，还有人架机枪，保卫我们的安全咧！”

“哈哈哈哈！”

已演完节目的江竹筠从左绍英怀里接过“监狱之花”，“监狱之花”依偎在江竹筠怀里，似乎被笑声所感染，也扬起那稚嫩的小脸，向长辈们甜甜地笑着。

“哈哈哈哈！”人们又是朗声大笑，迎接着一九四九年一个崭新的春天，迎着革命胜利的曙光……

欢乐的氛围使同志们暂时忘却了残酷的环境。但此时江竹筠的头脑却十分冷静，她想到了胜利，也想到了胜利以后，还想到了为迎接胜利该做些什么……

春节过后，集中营里的空气并没有随着天气的渐暖，变得缓和起来，而是骤然紧张了许多：增岗加哨，监管加严，黑洞洞的机枪又多了好几挺；牢内的难友被频繁调出调入。罗广斌已被押到了白公馆监狱，而在白公馆关押的李青林则被送入了渣滓洞集中营江竹筠所在的女牢。这一系列的变化中，江竹筠清醒地认识到：反动派灭亡的时间指日可待，革命胜利即将来临！

江竹筠一直在角落里写着什么。曾紫霞在与江竹筠的目光交流中就意识到，她一定在写非常重要的东西。所以，曾紫霞就一直在牢门口望风。两天前，江竹筠收到男牢房同志们一封来信。信的内容主要是在彭咏梧同志牺牲一周年之际，对他的深深缅怀。同时，也对江竹筠表示问候和敬意。江竹筠看过信后，静静地沉思了很久。也许她想起了和老彭在一起的日子，想起了有关老彭一桩桩、一件件事情；她心里一定很难受，最好先别打扰她。曾紫霞在那里暗自揣摸着。

“紫霞，站累了，就坐会儿。”江竹筠说着已来到牢门口。“不累。江姐你在写回信？”

江竹筠点点头，表示肯定。

“写好了吗？”

“很想听听你和同志们的意见。”

“我能有什么意见?”

“听我说紫霞，三大战役的胜利，预示着人民解放战争就将在全国范围取得完全、彻底的胜利！新中国即将成立，并屹立在世界的东方。可是我们在这里，难道就只能做到冲破阻挠，组织联欢会，热闹庆祝一番就行了吗？我觉得，不行啰！一个真正的革命战士，无论何时何地，都不能坐等胜利啊！为了迎接这个伟大的胜利，我们每一个人都应该加强学习，锻炼身体，以实际行动，迎接全国的解放！我就想将我心中的这个想法，写信告诉男牢房的同志们，你说什么样?”

曾紫霞察觉到，江姐在讲这番话时，李青林已经依靠着墙壁，慢慢移到风门口来了。江竹筠也看到了这位在万县被捕、刑讯时被敌人的老虎凳撬断了腿的坚强战友，已来到她的身旁。江竹筠用征询的目光看着她，似乎在告诉她：“我也正想听听李青林同志的意见呢!”

江竹筠说完了这番话后，看看曾紫霞，又看看李青林，期待着她的意见。曾紫霞却将期待的目光转向了李青林，她确信：有过多年革命斗争丰富经历的李青林，一定会有比自己更高的见识。

“说得好啊!”李青林毫不迟疑地说出了自己的意见，“江姐，自从我们被捕以后，就失去了和党的联系，也就无法在党组织的指导帮助下安排学习、工作和生活。我们虽然经历不屈不挠的斗争，保持住了自己坚定的革命立场，可以说，我们取得了初步胜利！但也要说，我们可能掉队了，可能要成为党的包袱。不是吗，我们如果不加强学习，胜利之后，如果我们幸存下来的话，我们能干啥呀，而我们又会干啥呀?!因此，必须加强学习。要学政治、学经济，学习各种文化知识。另外，就是要想尽一切办法，锻炼身体。让我们以坚定信念、丰富的知识和健康的体魄迎接新中国的诞生!”

“江姐，青林姐，你们想得真远啊！”可当曾紫霞环顾拥挤不堪、四壁空空、一无所有的牢房时，心里又觉得无望了：“我也完全赞同江姐的说法。不过，在眼下我们这种敌人严密封锁的环境中，这一切又如何实现呢？”

江竹筠笑道：“今天，我们大家一块出出主意，想想办法吧！”

李青林也笑道：“紫霞，我们是不是一件事一件事地讨论，具体地想想办法，我看就先从学习说起吧。”

“学习，我想，那也得有学习资料，有书才行啊。”曾紫霞话开了个头，却说不下去了。一时间，她还真不知道从哪儿去弄学习资料，她又把目光投向江竹筠，好像在问，江姐：你有办法解决这个难题吗？

“这确实是个难题！”江竹筠认真地谈着自己的打算：“说真的，如何解决这个难题，我也想了很久了。我想，我们在这里被囚禁的同志有几百人，从事的工作也各有不同，学习经历也不一样，方方面面的知识都有，是否可以说，这就是我们知道的活宝库呢？假若能动员这里一切可以动员的同志，将他们学过的知识尽可能详细地写出来，编成教材或教材提纲，不就可以解决我们没有学习资料，找不到书的困难了吗？”

“对。”李青林插话题，“我们每间牢房的同志都可能有会编写书报的人。而且，有些同志原来本身就是大学或中学的老师，写书、备课和讲授是他们的强项。”

曾紫霞眼前忽地亮了。她立刻觉得，这确实是个好方法！每个人既是先生，又是学生，大家互相学习，取长补短，就可以学到许多理论知识和文化知识，从而完善提高我们每一个人的素质。“需要的书很多，短时间能写出来吗？”曾紫霞不免有些担心地问道。

“写书、编写教材都不是一朝一夕的事情。不过，我们可采取边编写，边授课的方式，一个章节一个章节地写，一个章节一个章节地授课；有的书还可以提纲挈领，以提纲或纲要的形式写出来。这样以来，就可以避免因为等书而耽误同志们的学习时间，影响学习效果。”江竹筠一边说着，一边示意曾紫霞到门口望一下风。曾紫霞悄悄挪动靠墙的身体，从风门口向外面不同方向都看了看，然后扭身向江竹筠示意没有任何异常迹象。

江竹筠像变魔术一样，不知从什么地方拿出了一卷纸来，把它递给了曾紫霞。

曾紫霞打开那卷着的草纸，一看，她的双眼不禁惊诧地瞪大了！那上面用非常工整的字体，一笔一画地写着：

毛泽东　著

新民主主义论（提纲）

原来，江姐近几天藏在角落里总是写，不仅仅是给男牢房写回信，而且还在写书——这耗费了她多少心血呀！此刻，她和李青林看着这样一本用草纸写成的书，一本全凭记忆写出来的书，一本在恶劣环境下成就的书，心中钦佩之情油然而生。

“我就不知道，我的记忆是否确切?”江姐像还有心愿未了似的，笑着对李青林说道：“要是有谁帮助校订一下，就好了。”

“好啊，江姐！就由我来负责校订吧。我没有你这么好的记忆力，但毛泽东同志的《新民主主义论》，已读过很多遍了，对其中主要观点的词句上还是有语感的，如果意思有误，我是能察觉出来的。”李青林诚恳地说道。

“那就太谢谢你了！”

“不用，我们所做的，都是为了一个共同的目标。”

在江竹筠与李青林交谈时，曾紫霞已经手捧江竹筠手写的毛泽东同志的《新民主主义论（提纲）》如饥似渴地读了起来：“我们共产党人，多年以来，不但为中国的政治革命和经济革命而奋斗，而且为中国的文化革命而奋斗；一切这些目的，在于建设一个中华民族的新社会和新国家。……我们不但要把一个政治上受压迫、经济上受剥削的中国，变为一个政治上自由和经济上繁荣的中国，而且要把一个被旧文化统治因而愚昧落后的中国，变为一个被新文化统治因而文化先进的中国。……”

曾紫霞默默地读着，心中像被点燃了一盏明灯。她这时似乎才真正明白，江姐呕心沥血地组织同志们学习文化理论知识的深远意义。

各个牢房的同志们，在江竹筠的倡议下，纷纷加入了编写课本教材、记录整理书稿和隐蔽组织教学的紧张忙碌之中。大家通过通信孔道，通过放风，通过男女牢房最近距离手势，通过男牢房的同志到女牢取剩饭，甚至通过狱中个别年轻看守的转递等一切可以利用的联系方式，交流学习形式、进度和体会，推动着狱中学习活动的开展。

一位靠墙的同志从通信孔道得到了最新消息，她悄声地、而且是愉快地向江竹筠、李青林报告着：“楼下四室，楼下五室……都编写出来了！有《中国史纲》、《中国通史简编》、《中国文学》……还有《数学》、《物理》、《化学》、《英语》……”

江竹筠高兴地应声道：“同志们真了不起啊！这么几天，就写出这么多书来了。我们落后了，可以努力呀！”

“建设伟大的新中国，需要多少方面的知识啊！从这一点来说，编写的书越多越好。江姐！”

“青林，是呀！让我们再加把劲儿吧！”

“江姐，你整理的刘少奇同志的《论共产党员的修养》（纲要）不是又完稿了吗？还是老规矩，我负责校订。”李青林像突然想起了什么连忙说着。

“好，马上给你。”

正在专门研制“自来水笔”的曾紫霞，也不禁插话道：“我的‘自来水笔’也该赶紧做，要多赶制几支才行！”

谈话间，围着看曾紫霞研制“自来水笔”的同志们忽然有人尖叫了一声，随即又压低声音，兴奋地说道：“啊唷，成功了哩！”

只见曾紫霞把刚才磨尖的竹签，从中破开一个口，然后，将它沾上用烧焦的棉花制成的墨水，在纸上写出一行清晰、秀丽的字。竹签很尖，它写出的字笔画细致，十分好看。

江竹筠将这支“自来水笔”拿过来，也沾上墨水，在纸上写了几个字，夸赞道：“紫霞真行，想不到你还是发明家咧！”

“江姐，这可不是我的专利，男牢房的同志早就有这种笔了。”

“毕竟是我们自己动手制作的呀。”李青林也鼓励地说道，“我们应该想出各种办法来，推动我们的学习才是。”

风门口忽然传来一声咳嗽。这是警报！牢房里的一切谈话、活动，全停止了。

静极了。人们躺在铺上，仿佛连呼吸都停止了。

终于，风门口连连响起了两声叹息，这是警报解除的信号——监视的行务已远离了女牢。牢房里的活动又开始复苏。

李青林轻轻拍了拍手，这是女牢房今天学习即将开始的信号。该今天在风门口放哨的江竹筠、曾紫霞警惕地守望在风门口。

李青林靠着墙壁，将身子移到了同志们中间，随即就开始说道：“今天，大家推选我讲这一课：《论共产党员的修养》。我就开始讲了。讲得不好的地方，请指出来……”

江竹筠、曾紫霞一边谛听李青林讲课，一边从不同方向观察外面可能出现的意外情况。如果情况异常，就立即发出警报，让牢房里的讲课迅即停下来。

但当天整整一个上午，竟没有一点意外情况发生。她们注意到，当天上午不仅是女牢的讲课从未中断过，男牢各个房间上课同样也没有停止过。

整座集中营里，几乎每间牢房的情形都是一样的。每间牢房的风门口，都有一两个同志在那里守望，他们的目光向外警觉地看着，耳朵却聆听着牢里同志的讲课。在这狱中上午的时光里，每间牢房都有自行推荐的老师在上课，每个人既是先生，也是学生。每间牢房上课的内容，因师资情况的不同而各不相同，有侧重社会科学的，也有着重自然科学方面的。只有置身在这种特殊的环境中，而又迫切希望获取知识的人，才能真正体会到牢房里静寂无声而又充满生气的氛围和紧张进行的秘密学习活动的乐趣。

江姐和曾紫霞面前，还摆着一张围棋棋盘。棋子是用集中营院里地上的黄泥巴做的。看守特务一旦走进风门口，准备向里探望时，她们就将各自手中的一把棋子“哗啦”一声一齐掷在棋盘上，以此作警报，牢里上课立刻停下来。

江竹筠、曾紫霞在风门口静静地听着李青林讲课，同时，她们还仿佛听到许多牢房的同志正在上课的声音。

这时，她们相互望着，不禁会心地笑了。无言的目光，像平时那样相互提醒着：“江姐，下一节课该你讲《新民主主义论》了！”“下一节课《英语》，紫霞，该你讲，不要总是扭捏着朝胡大姐身上推。”

从此，牢房里一改往日的沉闷，充满了难以想象的、浓厚的学习气氛。

没有笔吗？各种各样的笔接着就研制出来了！有竹签做的自来水笔，有黄泥巴搓成的粉笔。黄泥巴的粉笔可以用来在地上演习数学公式，解答几何难题。

没有书吗？各类学科的书，居然靠着记忆，就这么一本又一本地写出来了！

为了迎接胜利，迎接新中国的曙光，人们早早起来就开始锻炼身体了。

没有场地吗？人们早起之后，就在牢房中做着蹲起、原地跑步和仰卧起坐；就在牢房风门口的狭窄空地上做伸展和踢腿运动；还利用放风时间，在院坝中做起了自创的运动体操。

没有卫生条件吗？在江竹筠的倡议和示范下，各个牢房的难友不再蓬头垢面，各个牢房的室内也不再脏乱不堪。

坚持学习、锻炼身体和讲究卫生已经开始成为各个牢房同志们的自觉习惯。各个牢房的同志还针对牢房的实际情况，科学安排时间，早晚为锻炼身体和打扫卫生时间，上午和下午室内光线最好，为自学和上课时间。

江竹筠和牢中的同志们都在为了明天而刻苦学习着。尽管他们可能等不到明天，明天或许不属于他们，但新中国需要知识，新中国前进的步伐，要靠知识的力量，这是历史、这是党和人民赋予他们的光荣使命！

敌人的阴谋

在渣滓洞集中营中，各个牢房的同志们举行的春节联欢会活动，还有正在开展为迎接全国解放的学习和锻炼活动，由于斗争策略得当，敌人并没有发现什么破绽，也没有抓住任何辫子。但是，敌人已开始隐约感觉到，集中营里被关押的人的活动都是有组织的，而且，近一个时期以来，各个牢房都似乎在神秘地忙着什么。此外，华蓥山游击队为配合解放军南下，最近频频主动出击，打击敌人。所有这一切，都使国民党特务机关感到极度恐慌和恼火，于是决定秘密派遣特务混入关押革命者的集中营，借机打探游击队的线索和破坏狱中党组织的活动。

一天早上，江竹筠和同志们像往常一样锻炼着身体。曾紫霞动作有些夸张，立刻引起了两位难友的笑声。这时，一个看守急步走到门口，一只拿着钥匙的手突然伸进了风门口，一边用钥匙敲打着铁门，一边厉声喝道："牢内禁止大声喧哗，听见没有！"江竹筠一看，原来那个熟悉的、姓黄的年轻看守。与此同时，一个极小的纸球飞落到江竹筠的脚下，动作既小又快，连牢内的其他同志都没有察觉。江竹筠悄悄捡起，来到光亮处，看了起来。

江竹筠坐在了李青林的铺位边，曾紫霞也在江竹筠的示意下，走了过来。江竹筠说："姓黄的看守刚告诉我们，昨晚又有四个人被关进了男牢楼七室。其中三个二十岁以下的学生，一个二十多岁的青年人，好像还受了重刑，孔道中传来的余祖胜的来条，也证实了姓黄的看守提供的情况。而且余祖胜说，三个学生除一人是重庆大学一年级学生外，其余二人全是中学生，非常单纯；名叫高满田的男青年，问过其他男牢的同志，都不认识，有待进一步了解后再告。"

江竹筠看看青林，又看看紫霞，然后认真地说："根据对新入狱的人尚缺乏了解这一实际情况，我认为应该马上通知楼七室，暂停学习讲课活动，尽快弄清来人情况。在这之前一切狱中的联系方式，应暂且对他回避。"

"我同意。"李青林点着头，"让小余单独与高满田谈谈，多注意观察一些细节。"

"我也同意你们的意见。要是小罗在该多好，他当过记者，很快就会弄清高满田的来历的。"曾紫霞不无惋惜地说。

根据江竹筠的意见，男牢七室暂时停止了学习讲课活动，人们只是一早一晚地仍坚持着体育锻炼和打扫卫生的习惯。从昨天晚上到今天早上，高满田一直昏睡着。三名学生十分健谈，余祖胜很快就弄清了三名学生与高满田之间的关系：他们三人入狱前同高满田并不相识，而只是在特务机关二处临时被关押时才认识的。三名学生从高满田的讲述中和目睹沾满鲜血的石膏绷带上，见证了他"披麻戴孝"酷刑的经历。

其实，化名为高满田的他并没有昏迷。但到天亮，他却是整整一夜没有睡意。虽然中美合作所的专家们为他制定了一整套方案，但他心里仍没有底。他满脑子想的都是如何应对真的共产党，让他们早点相信自己，以便从他们那获取有价值的情报，好向徐远举交差。想到徐远举圆睁的怒目，他就瑟瑟发抖。前些日子，徐远举让他以地下党员的身份去跟被搞假释放的刘国鋕接头。结果，不但让刘国鋕把他甩掉了，而且还差一点儿让刘国鋕跳入嘉陵江，泅水而去。他这一次化名再次来到渣滓洞，正是为了戴罪立功，所以他心理压力很大，也就更缺乏信心。他在想："到这个周围都是共产党的集中营里冒险，难免不落得一个身败名裂的下场啊！"

高满田终于苏醒了。他用一种新来者常有的陌生眼光，打量着新的环境。不经意间，他用眼斜了一下与牢中难友交谈正在兴头上的三名学生。突然，他好像被什么东西蜇了一下似的，挣扎着，哼着，想离他躺的铺位。

"老高不要起来嘛！你就睡在这里呀！"三名学生都跑过去搀扶他，照顾他，要他躺下，他却用力挣扎着，想坐起来。

"我不睡这里，"他固执地说，"让我起来！"

"为什么，这里才闭风呀！"

"你的腿还在流血，不能感冒！"

"我就是不能睡这里！"他指了指满屋的人，像受了污辱似的愤然说道，"我穿这么多衣服，同志们却穿着单衣，睡在门边。"

"门边风大。"

"同志们都能睡，我也能睡。"说着，他硬要从楼板上爬到牢门风口的地方去。学生们拗不过他，只好搀扶着他离开屋角的铺位。"把毯子带过去。"

"把枕头拿去……"

"谢谢同志们，不要。"高满田固执地说着，"我不能只图自己舒服，让大家在门口受凉。"

他把同志们送他的东西，一一退了回去，什么也没有留下。最后才在大家友善而略带责难的目光下，勉强收下了一个枕头。但他没有把枕头放在最外靠风门口那边，而是放在了余祖胜与三名学生之间，然后脱开人们搀扶他的手臂，缓缓躺卧下去……

刚刚躺下不久，他忽地又睁大眼睛低声地责问学生们："我的话你们全忘记了？"

三名学生像答不出老师指定的课题似的，无言地低下了头。

一阵巨痛的表情，清清楚楚地写在了高满田的脸上，他很快伸手护住了石膏裹住了的左腿。学生们紧张地望着他，担心地问："伤口又发炎了？"

"没有什么。"高满田似乎比关心自己更多地关心着学生，他又是低声告诫他们："……到了新的地方，首先要冷静地观察，分清敌我，不要随便讲话。"

他的声音尽管很低，但坐在他旁边的余祖胜依然听得很清楚。这就引起了余祖胜对他的注意和怀疑。余祖胜在想："显然高满田早就听到了我同三名学生的谈话，昏迷是装的，而且他有意控制学生，防范学生与我们接触又是为了掩饰什么呢？……

按照江竹筠的要求，余祖胜决定正面与高满田接触，弄清他的来历。

余祖胜同高满田谈了三次，而且公开以党组织负责人的名义来和他谈话。听说余祖胜就是党组织负责人，他显得兴奋异常，说他可找到党了。但再往下谈，他往往是东拉西扯、轻描淡写和答非所问地说上几句，然后找理由草草结束谈话。即使这样，对余祖胜来说已经发现了高满田不少疑点。

余祖胜当即给江竹筠写了一封信，表明了他对高满田的四点看法：

第一，他把已被敌人逮捕的川东临委负责人的姓名和化名分别当作两个毫不相干的人，而且还表示对两个人都非常熟悉。

第二，他在二处被关押时听说王璞被押在梅园——美国顾问处。像这样敌人的高度机密，一般人都不可能知道，他怎么可能轻易地听说?

第三，他听说的话，像是事先准备好了发言稿，不像是自己的经验之谈，有的话纯属即兴编造。

第四，他在有意控制三名学生，并试图隐瞒什么。

余祖胜写好信后，立即设法转给了江竹筠。他坚信，对敌斗争经验丰富的江姐，是能够帮助他们鉴别真伪的。

又轮到楼七室放风了。高满田让三名学生搀扶着他来到了院坝中。三名学生第一次经历放风，就像摆脱了牢笼束缚的小鸟，在一水池旁戏水打闹。高满田则坐在一边的高坎下，暗暗地琢磨着心事。他认为自己的运气太差，刚刚混进来，就引起了余祖胜等人的怀疑，他感到自己的无能为力，那种深入虎穴的恐惧感更深了。他不能就这么坐以待毙，他想到了三名学生。现在唯一能做到的就是利用三名学生的幼稚，冒险发动一次斗争，把牢房中的地下党员都拖进去，以便从中发现地下党在狱中的活动。

高满田自己已经在监狱中找到了党组织为由，引导三名学生泼水庆祝，故意引来高墙上警戒特务申斥，他在一旁鼓动学生抗议这种限制人身自由的训斥。学生们于是决定一起高喊啦啦词。“大声喊!所有牢房都会支持你们!”让高满田搅得头脑发胀的三名学生，略微商量了一下词句，其中一名学生喊声“一、二、三”，三名学生便齐声啦了起来：

特务，特务，死笨牛，

学生倒水有自由，
你有枪杆我不怕，
天生一副硬骨头。

特务，特务，丧家狗，
老板垮了台，
你往哪里走！

一听见喊声，江竹筠立刻放下手中的东西，走到风门口，曾紫霞已经站在风门口向外张望了。江竹筠问：“谁在呼喊？”

“新来的几名学生和高满田。”曾紫霞回答说。

“听，”李青林扶着墙在一旁说，“好像在喊啦啦词。”

传来的阵阵呼喊声，愈来愈大了：

特务，特务，太无耻，
专门供人来驱使！
叫你杀人就杀人，
叫你吃屎就吃屎！

“为什么这样？”江竹筠惊讶起来，她回头注视着李青林和曾紫霞的眼睛说，“听出来了吗？这派头不对，很不对。”

“几个学生都很年轻，头脑太简单。”曾紫霞说道。

“学生没问题，问题在于指使他们的人。”江竹筠立刻问道，“刚才是谁带学生到水池边去的？”

“好像是只有左腿受伤、新来的那个人。”曾紫霞在风门口继续向外看着说。

"党已决定，不许随便发动斗争，我们不支持这种错误行动。"李青林气愤地说。

"对。"江竹筠果断地说，"紫霞，马上把这个意见通知各个牢房。"

趁敌人的注意力都集中到院坝上的学生时，江竹筠对于各个牢房的要求正迅速传达着。

三名学生带有刺激性的啦啦词所造成的反响，也正在显现。

院坝里响起了纷乱的脚步声。余祖胜、丁玉川等好几个楼七室的人向院坝里的水池边跑去了。

猫头鹰徐贵林号叫着，带着人称"狗熊"等一帮特务出现在院坝里。猫头鹰脸上闪过一丝得意的冷笑，他终于找到了对狱中革命者实施报复的机会。三名学生刚从水池旁边走过来，猫头鹰就让看守员给三名学生每人都钉上了一副重镣，然后用他那双凶恶眼睛从每名学生脸上扫过，然后冷笑着高声说道："你们也不看看这是什么地方？谁再闹，渣滓洞今天就全体停止放风！"三名学生拖着重镣向牢房走去。

高满田满脸涨红，左顾右看，正想大声抗议，却被余祖胜一手捂住了嘴巴，丁玉川则快步走上前来，架着他大步拖回牢房。

冲进院坝来准备报复的特务，望着一间间毫无反应的牢房，只好茫然地站在那里……没有找到发泄机会的特务打手狗熊，恶狠狠地冲到楼七室的门口，"哗"的一声锁死了铁门……

"不对呀，"回到铺位上，曾紫霞越想越觉得有问题，忍不住问江竹筠，"这一切到底是怎么回事呀？"

"你说呢？"江竹筠像是有意启发她独立思考似的反问道。

"我觉得高满田这个人有问题。"曾紫霞思索着说。

"有什么问题呢？"江竹筠认真地听着她的看法。

“首先，小余提出的四点疑问我也觉得很可疑，像王璞同志这样重要的地下党领导，关押地点应是敌人的核心机密，怎么可能外泄呢?！再有，今天学生的啦啦词举动，肯定与他有关。还有，我是学医的，我知道骨折是该打石膏的，但‘披麻戴孝’的刑罚伤及的不是腿，他却左腿上箍了个石膏筒，这不是张冠李戴了吗?”曾紫霞一口气说完了自己的看法。

“你分析得很有道理。”江竹筠赞成说道，“从他的来历不明，他的言行可疑，到他不通过组织，擅自搞‘闹剧式’斗争这一系列情况说明，高满田有可能是敌人派入的特务，必须采取果断措施，彻底审查，抓紧弄清其身份，避免狱中党的活动受到破坏。”

楼七室对高满田的秘密审查工作开始了。负责这项工作的正是坚定的共产党员、机智过人的余祖胜。

敌人给三名学生加上重镣后，顺理成章地在当日就提审了高满田。高满田被提审回来后，正赶上楼七室放风，他和三名学生握着手，相互说着鼓励的话。在回牢经过长长的走廊时，发现余祖胜正压低声音和狗熊在牢口说着什么。听见脚步声，余祖胜回到牢里，狗熊却和对待常人一样，恶狠狠地冲着高满田瞪了一眼，又扬了扬手中的皮鞭，然后快步下楼去了。但是，高满田还是听到了狗熊临走时对余祖胜说的最后一句话：“不行，收风以后不能开牢门!”

走进牢房，丁玉川和另外一位难友把高满田扶回他原来的铺位，对他笑了笑，跨出牢门，又去享受收风前最后几分钟的自由呼吸去了。牢房里没有旁人，连平日病歪着身子的老王头也出去了，只剩下正在擦洗楼板的余祖胜。看到高满田的余祖胜显得有些不自然，下意识地把披在肩上外衣挽起的袖口放了下来，刚要端盆向外走，又犹豫片刻，才把上衣取下来，将袖子向里一窝，然后又一折，塞到自己铺位的被子下面。接着，端起木水盆，看了看高满田，点点头，勉强地招呼道：“老高，你回来了?”

脑子里还在想着刚才余祖胜同狗熊说了什么的高满田，正用狐疑的目光审视着余祖胜，根本没有反应过来余祖胜同他的讲话。直到余祖胜走到牢门口，又回头说了一句：“快收风了，我马上回来。”他才醒过神来。

牢房里，只剩下高满田一个人。他轻手轻脚溜到风门口，向外看了一眼，见余祖胜越走越远了。高满田立刻动作敏捷地来到余祖胜的铺位前，从被子下面取出衣服，他仔细一看，就见袖口里隆起的衣缝里暗藏着一张纸条，他轻轻取出一看，上面写着一行字：

“信收到，遵嘱咐来人银元一百元。”

把上衣照原样放好，迅速跳回自己的铺位躺下。

收风了。余祖胜、丁玉川等同牢的人陆续回了牢房。牢门锁上后，高满田便让人觉得有些坐卧不安，他找借口让两名学生扶他到风门口，一边瞧着院坝中放风的人，一边也像锻炼一样，扬了扬手臂，活动几下。他的一举一动都没有逃出余祖胜、丁玉川等人的视线。

高满田从风门口回来躺下不久，猫头鹰就带着一帮特务冲上楼来，再一次把高满田架走了。对于这一次提审来说，早在余祖胜等同志的预料之中。

过了将近四十分钟时间，在暮色朦胧中，高满田又回来了。与去时不同的是嘴角上多了血污，脚上加了一副脚镣。学生们忙上去问候着，余祖胜只是同他点了点头，却不动声色。

高墙外边，突然响起了绝望的嘶吼，断断续续飞进了牢房。

“……我……没有送信，没有……我冤枉呀！……我，效忠党国……十年呐，……冤枉，……我没有得一百块银元呀……”

牢中所有同志都听得出这是特务打手狗熊的声音。余祖胜和同志们的判断终于得到了证实，审查已经有了结果。

此时的高满田却因狗熊的号叫清醒了许多。他越想越觉得不妥，心里渐渐产生了强烈不安。猛然间，心头一惊，他发觉自己失策了，也太冒失了！安知余祖胜那封信不是假的，故意用来引他上钩的？当初，他为什么不仔细想想再行动呢？完了，彻底完了！一种本能的求生欲望，使他想逃出这灾难即将降临的境地。他睁大恐惧的双眼，正要翻身溜到门口去，余祖胜已站起身，挡住了他的去路。与此同时，丁玉川和牢中其他同志都不声不响地围住了他。学生们已经从牢中其他同志那里知道了事情真相，也愤恨地向他举着拳头。

“高满田，你给我站起来！”余祖胜对着高满田厉声喝道，“你到底是谁？”

丁玉川一把揪住高满田的脖领，把他逼到了牢里的墙角，另外三名同志封住了通向牢门的路。……

“……我……公署二处……情报员……我叫郑……郑新凡……”

敌人的阴谋被挫败了。余祖胜和楼七室的其他同志们更加崇敬江竹筠同志。正是她在关键时刻，遇惊不乱、沉着冷静、处置果断，才粉碎了敌人的阴谋，避免了狱中党员的损失，保护了革命力量。

党的联系不能中断

夜深了。呼啸的寒风打着旋儿，不停地灌进了漆黑的牢房，牢房内的温度又骤然下降了。

江竹筠躺在狭小的铺位上，却没有一丝睡意。她的目光投向了风门口，风门口外鬼火般的狱灯泛着微弱的光亮，黄昏时间放风的情景又慢慢浮现在眼前。

男牢楼二室的同志们轮到放风，他们刚走下楼，来到院坝中，天就骤然黑了下来，是空际间巨大的乌云遮没了天空。一时间，狂风大作，飞沙走石，寒气逼人。楼二室放风的同志们在院坝里被吹得摇摇晃晃，东倒西歪的。但他们仍就在院坝里做着平时放风必须做的那些事情：倒马桶、上厕所、在院坝中散步。

杨虞裳和几名衣着单薄、身体瘦弱的同志的形象一出现在寒风中，便开始扣紧了江竹筠的心弦。他们单薄的衣衫，就像披在身上的一层薄纸。冷风吹过，他们将双手抱在胸前，冻得瑟瑟发抖。他们仿佛随时都有可能被凛冽的风吹散、卷走，但他们还是坚持在院坝里运动，锻炼着身体。

哦，他们是革命意志多么坚强的一批同志啊！

天更阴了，但雨并没有落下来。

收风的哨音响了。他们就相继经过院坝边的石梯，上二楼，回到二室的牢房。杨虞裳踏上石梯，忽又回过头，恰好与江竹筠眺望他的目光交汇在了一起。杨虞裳双手相扣，向上举过头顶；接着又双手握拳，身体略为前倾，做了一个准备起跑的姿势！然后，会心地向江竹筠点了点头。

江竹筠在女牢风门口也会意地点了点头。她完全明白，杨虞裳双手紧扣和准备起跑姿势的含义：尽快建立与狱外党组织的联系，准备迎接全国解放。江竹筠想到了近来集中营的情况变化和紧迫的工作任务。自从罗广斌被押去白公馆后，白公馆被囚的李子伯却又被押到了这里。李子伯带来了白公馆战友准备越狱的秘密计划。为此，集中营男牢房的同志们也开始了同样的秘密准备工作。杨虞裳的动作提醒她目的十分明确，按照商议讨论过的事项，希望女牢的同志们积极配合，千方百计寻求关系，甄别情况，尽快打通狱中党组织同狱外党组织的联系。

这，显然是一个必须解决，却又很难解决的问题。

连日来，她一直都在思考着如何利用狱中和狱外的关系，实现两种关系的对接。两种关系的对接，说起来容易，做起来却非常困难。在斗争形势愈发复杂、敌我难辨的今天，在两个性质截然对立的组织之间，隐蔽地建立起一条秘密通道，也就是在敌人的眼皮底下建立狱内和狱外的联系，操作之难不言而喻，危险性之大可想而知。稍有不慎，必然会给狱中和狱外党组织造成严重破坏和重大损失。正是鉴于这种考虑，对狱中可利用的关系一直停留在观察、验证和试探阶段，没有正面接触，实质性地开展工作。现在，根据全国形势的发展需要，建立与狱外党组织的联系已迫在眉睫。她把个人的安危早已置之度外，决定由自己亲自出面与狱中敌人内部有一定的基础人员接触、谈透，然后利用自己在狱外的单线联系人与狱中人员进行试探性接触，逐步取得信任，再把联系确定下来，也从而把风险降到最低限度。

另外，冬季临近，狱中尚有十几名同志缺少御寒的衣服，要是能给他们每人弄件棉背心之类的衣服，可就太好了！

但是，做棉背心需要布和棉花。这布和棉花，去哪里找？怎样解决呢?!

……

江竹筠直觉得寒风刺骨的凉。对外与党组织建立联系势在必行，为十几名同志做棉背心的问题也亟待解决，事情在她的脑海里盘旋、整理、融会。终于有了一个成熟的考虑：通过狱中我方争取的看守人员，设法解决布料、棉花问题，并在解决棉花布料过程中，对看守人员进行深一步考验，待时机成熟，再让其为我转达信件，打通与外边党组织的联系。

一夜过去，天色明朗起来。

“监狱之花”依偎在左绍英怀里，睡得十分香甜。左绍英却早已支起身子，拿起针线，替孩子缝缝补补。

江竹筠起身，和牢里的同志们一道做了几个简单的健身动作后，便又来到风门口向外眺望。

不一会儿，楼上牢房就开始轮流放风了。值班的看守特务将楼一室的牢门打开之后，腋下夹着一包毛线，径直缓步向女牢走来。

江姐早注意到这个个头不高、姓黄的看守特务。正是他，主动将刘国铉、罗广斌去向的消息告诉了江竹筠所在的女牢，而且不显山，不露水；也是他，将化名为高满田的特务与三名学生被关进来的消息及时传给了女牢，手法隐蔽，又不动声色；还是他，为女牢向男牢传达了江竹筠关于学习活动安排的纸条，并将三大战役胜利消息的纸条贴在《中央日报》里，交给了曾紫霞。另外，“监狱之花”出生后，需要针线之类的东西，曾紫霞就曾向姓黄的看守特务要。隔了一天，黄就把针线送了来。曾紫霞又向黄提出：因为要给孩子裁剪衣服，需要用剪刀。黄便又将剪刀送了来，还说，他向所长李磊报告过，每天用完就收回，再用可以再借。这之后，其他特务也曾有来求女牢缝补几针的。凡是曾求女牢缝补过的特务，对女牢的态度明显地变得缓和多了。

转瞬间，看守小黄已来到女牢门口。曾紫霞正在风门口站着。

“曾小姐，”小黄满脸堆笑，对曾紫霞说道，“我买了点毛线，麻烦了，能不能请哪位替我织件毛衣？看看，这毛线够不够？”

曾紫霞从风门口伸出手去，摸了摸那毛线，回头对江竹筠道：“小黄买的蜜蜂牌毛线，挺柔和、颜色也不错。”

小黄生怕遭到拒绝，连声说：“曾小姐，你先收下吧。要毛线签子什么的，我就送来。”

曾紫霞从江竹筠点头微笑的目光中，仿佛又听到了她同自己的谈话：“织件毛衣，做做针线活，不是什么政治立场问题，而且还可以借此机会进一步了解对方，尤其是对小黄作进一步考查……”

“那，这样吧。”曾紫霞从风门口将毛线接了过来，就接着向对方说，“小黄，你马上把毛线签子找来，我找人给你织毛衣。”

小黄连声道谢，去了。一会儿，小黄就将毛线签子送了来。

平时，不论男牢还是女牢，对小黄值班的反映几乎都好于其他看守，他总是不动声色地给人以善意的提醒或帮助。

江竹筠仍密切注视着小黄这个年轻看守的一举一动。她提醒曾紫霞：“对小黄还要多观察，多了解，多做工作。要十分警惕，言谈切勿涉及党的机密。稍有不慎，就可能带来难以想象的严重后果。但我们还是要尽一切努力，包括通过小黄这样身份的人，与狱外党的地下组织取得联系……”

曾紫霞托小黄上街时带两份报纸回来。

隔了两天，小黄果然将报纸带了来。按照集中营规定，牢里是不允许看报的。所以，小黄是手拿值班登记簿把报纸夹带着，悄悄从风门口送进来的。

曾紫霞几次托小黄上街时买报，他都及时做到了。当然，这也是江竹筠对小黄安排的侧面考查。

小黄值班时，只要那些特务头子不在，他总爱到女牢门前与曾紫霞等人聊聊天。他实际上同牢里的革命者一样，也被禁锢在这狭窄的小天地里，也有孤独感，也同样觉得寂寞。加上外面形势变化非常快，让他有些弄不明白，给他带来了许多烦恼。他想从她们那里寻求答案。这就给对他做工作的曾紫霞带来了机会。

小黄有点文化，但他对报纸上刊载的许多文章内容看不懂。曾紫霞每次看过报纸之后，免不了提问他几句，他常常说不明白。曾紫霞就耐心而且简明扼要地给他讲清楚。说国民党反动政权很快就要垮台了，国民党军队在三大战役中失败后，已经没有军事实力能和解放军较量了，它哪里也已不可能守住；说即使它发行银元券，物价还是会暴涨，国民党的统治会一天天垮下去……小黄由开始不大注意听，到慢慢地听得十分专注，有时还佩服地连连点头。

根据小黄思想认识的逐步转变，曾紫霞建议，可试着叫小黄带信，当然是一般的信。

江竹筠原则上同意曾紫霞的建议，但她认为分两走比较好。第一步就是让小黄在买布料、棉花上帮着想想办法。江竹筠说：“既然小黄等看守已让女牢的同志为他们织毛衣和做些缝缝补补的活，那么就可以同小黄谈谈，让他设法在看守、警卫及其家属那里，为女牢揽一些针线活。我们适当收些报酬，然后把报酬集中起来，让小黄或其他方便的人代买布料和棉花，由我们女牢的同志抓紧为男牢的同志赶制出十几件棉背心来。这既可以解决十几名男牢同志冬季无防寒衣服的问题，又可以检验小黄的态度和实际能力，在此基础上再安排他送两至三封一般信件，最后再确定其是否可以作为党组织的联系人。你说这样安排可以吗？”

“我同意。江姐，还是你考虑得周到呀！”曾紫霞赞同地说。

过了两天，女牢能织毛衣，而且织得非常合身，针线活做得很巧的消息就被张扬了出去。不仅来女牢求织毛衣的看守特务多了起来，最后连看守所所长、警卫连连长的太太们也有公开求女牢绣枕头、织毛衣的。这样以来，女牢房来自外部的各种信息，自然多了起来；布料和棉花问题，居然没有用几天工夫就解决了。女牢的同志买回来了布料、棉花之后，大家动手，几个昼夜，就把十几件棉背心制作了出来，送给了男牢房里急需它过冬的同志。

江竹筠对外边的情况掌握得越来越细，联系线索也在一步步扩大。她告诉曾紫霞：“可以让小黄送信了。但在信上要把他的身份告诉对方，也让外边收信的人注意。”

按照集中营的规定，看守人员是绝对不允许替他人传信的，这是被明令禁止的。但是，曾紫霞向小黄提出带信的要求时，小黄还是毫不犹豫地接受了。

男牢房的同志想和集中营警卫连的负责人接触，以便为越狱做准备。在征求江竹筠意见时，江竹筠觉得不妨一试，而且认为这是越狱计划中最重要的环节，应该早作打算。

按照集中营的职责划分，警卫连是负责监视狱内一切活动，防止越狱出逃的；看守特务是负责监狱内部事务管理的。双方以狱墙、电网为界，互不联系，互相监视，互相制约。现在，通过看守特务与警卫连负责人在集中营里接触，这显然是件非常困难的事情。

但这件事，经过多次试探，经巧妙地安排，居然也做到了。

时局迅猛发展。在人民武装力量节节胜利的强大压力下，国民党政权的低层人员已经开始纷纷寻找自己的退路；国民党顽固分子则做着垂死挣扎。这一切使江竹筠强烈地意识到：接通和外面组织上的联系已迫在眉睫，与党的联系越是在斗争的关键时刻，越不能中断。否则，一切都太晚了。

已经到了作出决定的时候了。根据时间的要求，所有的考查工作只能暂告一个段落，必须立即从现有的，可以利用的关系中分析比较，选出一个最可靠、信用度最高、把握性最大的人，作为狱中党组织与狱外党组织的主要联系人。然后由狱中党组织一人出面，代表党组织向他交待与狱外党组联系的信件，再由联系人与狱外党组织的单线联络人进行接头、碰撞，作最关键的验证。即使可能出现危险，也是最小范围和最低程度的危险。而代表狱中党组织向联系人布置任务的人，其处境无疑是暴露的、危险的，这个人只能是自己，江竹筠主意已定。她准备等天亮后，就联系人和具体联系时间再与李青林和曾紫霞商议后，作出最后决定。

江竹筠、曾紫霞、李青林坐在一起，商议确定联系人一事。江竹筠谈了自己的意见，同时想听听想青林和曾紫霞的看法。

李青林的手抚摸着她那条在阴天总是隐隐作痛的断腿，久久沉思着，没有立即发表看法。在李青林看来，已经没有别的选择了，小黄是目前唯一可以入选的人，而且毕竟有了一定的考查基础，相对比较了解。从一般时间上的接触看，从一些具体事情分析，小黄系敌人有意派遣的可能性极小。对于江竹筠坚持由自己代表党组织出面向小黄交待任务，并让自己的单线联系人与小黄接洽的目的，她当然非常明白。每当面临危险的工作任务，她都会奋不顾身地冲在最前面，绝不会把危险交给他人，既使你争也没有用。所以，李青林觉得只能按照她的主意去做。而且，她还知道，目前男牢仍没有找到合适的联系人。

曾紫霞却显然持有强烈的保留意见。她理直气壮地侃侃而谈："江姐说，一旦小黄担任了联络工作，以后女牢尽可能少和小黄接触，特别是代买一些生活用品的事，尽可能不再找他。我认为，这样做非常必要，既可避免暴露，也便于加强和外边联系的工作。但是，小黄我平时接触比较多，应该是更熟悉一些，再者我曾试探着让他送过两封个人信件，都没有出问题。所以，还是让我代表组织向小黄交待联络任务，并由我在狱外的可靠的单线联系人接待小黄。我不同意江姐亲自出面。"

"紫霞，"江竹筠轻声向曾紫霞问道，"你是担心这会给我带来什么危险吧？"

"嗯。"

"那，你想想，即使有个什么，能给我带来什么大不了的危险？敌人早已知道，他们不可能从我这里得到什么。但如果真这么做了，小黄能把我这样一封信带出去，又不会出什么问题，我们不是就此可以打开和外边的联系渠道，与狱外党组织建立起联系了吗？"

"不，江姐。"曾紫霞仍不服气，继续争辩道，"你在狱中是大伙的主心骨，像这样的具体事情，还是让我办的好。"

"紫霞，还是我安排小黄送信联络吧！你前天还问我：'为什么总把危险留给自己？'我要说的是：'只能这样。我早已置身重重危险之中，已经再没有什么危险了。'无论从哪方考虑，我都是最佳人选，我去最合适了。"

曾紫霞还想争辩，但抬眼瞥见李青林似乎已完全赞同江姐的主意，也就觉得再没多少话可说。

“青林，”江竹筠向一直没有说话的李青林征询意见道，“你说说你的意见，好吗?”

“这件事，我也想了许久了。不过，从目前情况看，只能照江姐的意见去做才好。另外，从个人背景和组织选择的角度看，江姐出面是最恰当的。从今以后，女牢和小黄的联系宜减少到最低限度，这一点还是让紫霞用婉转方式向小黄说明为好，以免发生误解。我建议，女牢和其他人的联系，为避免暴露，均应以个别接触、单线联系的方式进行为妥。江姐安排小黄带信联系的事，紫霞可以避开，让江姐单独和他谈。”

“对，我也是这么想的。”江竹筠拍拍曾紫霞的头，“紫霞，你说咧?”

“我同意。”

三人意见终于统一了起来。在江竹筠周密细致地安排下，通过小黄终于与狱外党组织取得了联系。从此，她们又听到了党组织的声音，听到了全国解放战争的胜利号角。

鲜艳的五星红旗

牢门的风门口掠过一个看守员的身影，轻轻的脚步声，引起了静卧着的曾紫霞的注意，她一翻身便向风门口走去。

“江姐!”曾紫霞轻快地跑了回来，惊喜地又压低了嗓音叫了声，“又有信来了。”

江竹筠低头亲了一下左绍英身边睡着的“监狱之花”，便迎着满脸含笑的曾紫霞，站了起来。

曾紫霞晶亮的眼睛凝视着那张纸片。牢里的许多同志早已翻身起来，挤到曾紫霞身边。还有几个人，已悄悄守住了风门口，监视着随时可能出现的敌人，尽管她们知道今夜那值班看守员小黄是自己人。江竹筠所在女牢的人之所以知道他，是因为每一次看守员小黄都是把信送到女牢的这个房间，而从未送到其他牢房去。这时，曾紫霞一把抓住江竹筠的手，急切地用耳语般的声音念道：“一九四九年十月一日，毛泽东主席在北京向全世界宣告，中华人民共和国成立了。”

"呀！同志们，我们的国家成立了！"

激动的人们，低声欢呼着："中国人民站起来了！"

"静一静，听我再念。"曾紫霞声音更低，人们都屏住呼吸，"全世界劳动人民欢欣鼓舞，新中国屹立在世界的东方。"

"万岁，万万岁！"

一片欢乐的低呼，打断了曾紫霞的朗读。同志们不断轻声喊道："毛主席万岁！""中华人民共和国万岁！""中国共产党万岁！"这喊声，如同热浪，汹涌澎湃，激荡着牢房；黑暗中，一双双明亮的眼睛，闪着晶莹的泪光。

"紫霞！"江竹筠声音激动，招着手，让大家安静，以免惊动敌人，"你快点念下去！"

"中华人民共和国首都是——"

"一定是北京！"有人抢先说道。

"中华人民共和国国旗，"曾紫霞的，像使人共鸣的琴弦，"是五星红旗，飘扬在天安门。"

"啊，五星红旗！"

"江姐！我们也有一面红旗呀！"

"把红旗拿出来，马上做成五星红旗。"

火热的目光，都转向江竹筠，等待着她的意见。

"紫霞！"江竹筠激动地看着曾紫霞，又看看一双双热盼的目光，"把我的珍藏的那面红旗赶快拿出来。"

"我这里有针，有线。"李青林也兴奋地响应着。

江竹筠心潮澎湃，无法平静……

地下党的来信，在人们手里传阅着。已经读过信的人，又把期待的目光转向牢房深处。珍藏的红旗被拿出来了，在大家眼前闪着夺目的光彩。这面红旗，是一位连姓名都不知的烈士，留下来的。

红旗上残留着弹孔，浸透着斑斑血迹；有多少战士手握着她，悲壮地倒下，又有多少战士把她高高举起。

当红旗在大家面前出现时，几双拿着针线的手，团团围了上来。

“五星红旗！五颗星绣在哪里?”

“一颗大金星绣在中央，光芒四射，象征着党。四颗小星摆在四方，祖国大地，全国各族人民，一片光明，一齐解放!”江竹筠脱口而出。

“对，就这么绣。”大家齐声赞同。

尽管她们并不知道五星红旗的图案，但她们是在以一颗赤诚的心表达对党的忠诚信念，对新中国的无限向往，对全国人民的衷心祝福，对祖国未来的美好希望。不知是谁抢先绣上了第一针，接着，许多灵巧的手，飞快地刺绣起来。热血沸腾着，把坚贞的爱，把欢乐的激情，全部寄托在针线上，你一针，我一线，一针一线织绣出闪亮的金星。

红旗正中，出现了一颗星，接着，又出现了四颗。

江竹筠依偎在李青林身边，凝望着刺绣中的五星红旗，她非常理解同志们此刻的兴奋心情，她自己的心情，也是和大家一样炽热。但是她在胜利的喜讯中，激动而又冷静，想得很多，也想得很远。也许此刻只有李青林才能理解她那复杂的心情。她看见了胜利，也同时看见了集中营的最后斗争。她深深地知道，在越狱和反抗敌人屠杀的斗争中，必须付出多少生命作为代价。这代价，也许首先就是自己，也许还有别的同志，但她宁愿牺牲自己，来换取他人的生存；宁愿用自己的死亡来代替一切同志的死亡，为党保存更多的力量，为祖国保留更多的建设者，为人类保护更多的生命。然而，在沉浸于幸福欢乐的同志们面前，在鲜艳的五星红旗面前，她什么话也没有讲。

“江姐!”曾紫霞双手捧着已经绣好、而且叠得整整齐齐的五星红旗，带着无限的喜悦，走到缓缓地缠着线的江竹筠面前，“同志们希望由你来宣布胜利的来临，也请你揭开这象征黎明和解放的五星红旗。”

“我?”江竹筠笑着惊问。

“是的，江姐！就是你。”周围响起一阵热情、严肃而又诚恳的声音。

“应该是你。”李青林等大家稍静之后又说，“不能辜负同志们对你的信任和尊敬。”

“好吧。”江竹筠双手接过五星红旗，向上一抖，五颗晶亮的金星，无畏的声音里充满着幸福的感情，“让五星红旗插遍祖国每一寸土地，也插进我们这座牢房。”

随着江竹筠低呼的声音，人们严肃地站了起来，凝望着闪闪的五星红旗。黎明在眼前招手，曙光已经穿透乌云，一轮朝阳将冉冉升起，人们的心随着红旗飘扬到远方，仿佛漫漫长夜已经过去，人们砸碎了枷锁，昂首挺胸、扬眉吐气地站立在祖国的土地上。

江竹筠激动的目光，转向李青林。她发现，李青林正把“监狱之花”抱在怀里，孩子不知何时已经醒来，圆圆的眼光，正高兴地望着大家幸福的笑容，两只小手向一起拍着：“啊……咿……啊。”不知说的是什么。江竹筠看到了“监狱之花”，想起了云儿，想起了千千万万的孩子们。一阵火热的温暖，冲激着江竹筠的心，她情不自禁地带着五星红旗走向“监狱之花”。人们的目光，一下子都亲切地转向江竹筠和天真可爱的孩子。

江竹筠轻轻地抱起“监狱之花”，把对所有孩子的深切爱意和那些自己未必能实现的理想，尽情灌注在幼小的花朵上，像是对“监狱之花”说，像是对云儿说，像是对所有的孩子说：“这红旗是用革命先烈的鲜血染红，她闪耀着革命事业的光辉，代表着中华民族的崛起，是伟大祖国的象征。快快长大吧，‘监狱之花’，快快长大吧，我们所有的孩子。祖国的建设需要你们，祖国美好的未来属于你们。你们要高举着红旗，坚定不移地勇敢向前，要为保卫红旗而生，要为保卫红旗而战，要为保卫红旗不惜牺牲自己的生命！”

江竹筠眼里盈盈地闪动着火热的泪珠。她让孩子稚嫩的小手把红旗抱在胸脯上，又急切地说：“孩子，孩子，你听清我的话了吗？我们多想听见你的回答啊！”江竹筠的脸温存地靠近“监狱之花”，又低声嘱咐着，不，是对所有孩子嘱咐着：“今后不管狂风暴雨，不管是惊涛骇浪，不管是任何艰难险阻，你们一定要把革命的红旗牢牢握在手中，代代相传，高高举起，为共产主义事业而奋斗终生！”

和战友永别

连日来，年轻、活泼、充满青春气息的曾紫霞，一直沉浸在中华人民共和国诞生的欢庆气氛中。她不止一遍地低声欢呼着："中华人民共和国万岁！中国共产党万岁！毛主席万岁！"

在曾紫霞看来，虽然四周依旧是荷枪实弹、高墙电网，虽然自己仍就被铁牢囚禁、身陷囹圄，但心里总觉得和以往不一样了。好像从此有了依靠，有了着落，心里踏实极了。"中国人民从此站起来了！"作为新中国的主人的曾紫霞，当然走起路来腰板挺得直直的；那些平日张牙舞爪的特务，却显得像霜打的草，蔫多了。曾紫霞兴奋之余，不觉深深地钦佩和感激江竹筠。她想："多亏了江姐冒着种种危险，亲自安排与狱外党组织建立了联系，我们在狱中才能及时听到上级党组织的声音，及时了解全国形势的变化。"

站在风门口、望着高墙外的天空、正在神驰遐想的曾紫霞，突然看到多日不见的看守小黄在牢门前一晃，并没有停留说什么，转身就向其他牢房巡视去了。曾紫霞连忙向地下一看，一张叠得很窄的纸条正在风门口下面，这是小黄送简短信件的习惯方式。曾紫霞打开纸条，只见上面写有两条简短的文字：

曾紫霞将被送走，去向两种可能：一是白公馆，二是释放。

看完纸条，曾紫霞迅速把纸条折起，习惯地向风门口外望了望，然后才心事重重地朝江竹筠、李青林的铺位走过去。

“紫霞，小黄送的信讲的什么，出什么事了吗？”江竹筠从紫霞脸上的神情看出了问题，连忙问她。

“小黄听说，我可能要被送走了。”曾紫霞一边回答，一边把小黄刚送来那封短信递了过去。

“把我关押到白公馆，我相信，要说释放，我觉得不可能。”曾紫霞说着自己的想法。

“先别忙着下结论，在形势急剧变化的今天，这上面说的两种可能都会出现。我估计，狱外党组织很快会有来信。既然事出有因，我看还是早做准备，做两手准备。”江竹筠说着与李青林交换了一下目光，李青林点点头，表示赞成江竹筠的看法。

江竹筠想了想又说：“去白公馆总体思想上有个准备就行，涉及具体问题不多，主要应该做好出去的准备。因为，这里面有一个出去以后是否马上要与党组织取得联系和如何取得联系的问题。紫霞、青林来，我们具体商量一下……”

狱外党组织传来的消息很快证实了有关曾紫霞去向的相关情况：蒋介石宣布隐退以后，将西南长官公署主任一职交给了他的亲信张群。张群上任后，一些与他平日关系密切的川籍老乡多次告诫他，不可把家乡的子弟杀得太多，这样对他会有威胁。于是张群为了得到各界的支持，维护自己的地位，并借机捞上一笔，特地给二处打招呼放些人作秀。估计，渣滓洞集中营最近也会有人被释放。另外，白公馆看押的刘国鋕在香港任银行董事长的哥哥，专门乘飞机来重庆，找过徐远举。徐远举将刘国鋕叫去谈话，但未能使刘国鋕动摇。

“看来，紫霞你出去的事基本已成定局。另外，特务郑新凡所交待有关国鋕的情况也是真实的，国鋕真是我党的好同志啊！”江竹筠拉着曾紫霞的手感慨地说。

李青林拖着断腿，往江竹筠和曾紫霞坐的铺位挪了挪，冲着曾紫霞说道：“还有什么需要我们帮着准备的？”

“我都准备好了。江姐、青林姐，外边有什么让我办的吗？”紫霞诚恳地问道。

“如果你能出去，见到我的云儿，给他带封信。”江竹筠显得有些激动地说。

“行，你赶快写吧。”

“我马上就写。”

江竹筠又回到了她那狭小的角落。她迅即找出了笔，在自己面前摊开了几页纸。她想，这是一个极其难得的机会，这样的机会也许很难有了。云儿三岁多了，已经没有了父亲，作为母亲总该对云儿有个交待呀！她也应该给为养育云儿耗费了不知多少心血的同志说点什么。还有，应把自己与紫霞的关系介绍给他们。

笔在纸页上的滑动，发出“刷刷”的声响。

江竹筠知道，她已经没有更多的时间去写了。有许多事情，等孩子将来长大了以后才会明白。她必须做最坏的打算，向养育云儿的同志说明情况。

泪水渐渐遮没了视线。江竹筠用手拭去了眼眶涌出的泪水，继续写道："……假如不幸的话，云儿就送你了，盼教以踏着父母之足迹，以建设新中国为志，为共产主义事业奋斗到底。"

该写的话，似乎已经写完了。但江竹筠搁下笔，将匆仓促成女的信粗看了一遍，然后提起笔来，又在信的末尾添上了一句话："孩子们不要娇养，粗服淡饭足矣。"

"梆梆，梆梆梆梆！"

急促的竹梆声忽地又在空际中传来，山鸣谷应，响成一片。

江竹筠抬头向外望去，只见正对女牢高墙角的岗亭上，一个岗哨一手握住卡宾枪，一手正敲击着岗亭上的竹筒。

转眼又听见由远及近的汽车"隆隆"的马达声，接下来，便又是像往常一样听到停车场上汽车停车熄火的声响。

也许，这就是很快要将曾紫霞带走的车子。曾紫霞听到汽车的马达声响，似乎也有同样的预感。她恍惚的目光，向这狭窄的、总是让人感到窒息的牢房四下看着，心底却不知怎么涌起了有些留恋，不忍离去的复杂情感。她蹒跚地移动脚步，向江竹筠的铺位走去。刚刚走出两步，江竹筠已来到她的面前。

"江姐，真的会叫我走吗？"曾紫霞无力地抓住江竹筠的双手，"我，可真舍不得就这么离开你们啊！"

"紫霞，说实在的，如果今天我们就这么突然分开，从感情上讲，我也舍不得。但是你要知道，革命立场从不动摇的同志从这里出去得越多，为革命保存的力量就越多，为祖国保留的建设者就越多，为人类保护的生命也就越多。"

"江姐，讲得好啊！"李青林强支撑着身体，也移动到了近前，深有同感地说，"紫霞没有什么再可犹豫的了。坚定勇敢地向前走，我们革命者死都不怕，还怕被释放吗？！"

江竹筠也赞许地朝李青林点点头，然后取出一张叠得很工整的纸，递到曾紫霞面前说："这是你在狱中的表现证明，青林和我已签过字并摁了手印。其中，最后部分还写了我们对你出狱后的工作安排意见，等到时机成熟时，再把它交给党组织。另外，还想请你替我给云儿带去一封信。"江竹筠说着又取出折成寄信形状的两页纸，交给了曾紫霞。

"如果我能出去，一定带到。"

"也请紫霞替我看看我们的孩子——云儿吧！"

"一定！"曾紫霞说着，激动的泪水扑簌簌地流了下来。

江竹筠又向曾紫霞叮咛道："一定要把信件分别收藏好，一路上，一定要好好小心！"

"江姐，请放心。你的信，我一定会设法送到。我还向你保证：假如我真有可能出去了，我一定会和组织取得联系，尽快开展工作。"

"紫霞，听我说，假如你真出去了，既不要马上和党组织取得联系，也不要急于去给云儿送信。因为你出去以后，敌人就会在你身后盯上了'尾巴'，注意不要给狱外党组织的同志带去危险。等到时机成熟，尾巴没有了，再和党组织取得联系并把信件交给党组织。千万要沉住气，不要给敌人任何机会，记住了吗？"

"我全记住了。"曾紫霞用力点点头。

院坝边的黑门开了。

一个值班的特务看守向女牢房走来，走到江竹筠她们所在的女牢房门前，将手中提着的一串钥匙在空中"哗啦"抖了一下，便将牢门上的锁打开，叫道："曾紫霞，把东西全部带上，走！"

"忙啥子！"曾紫霞大声对牢门外说道，"不许进来，在外边等着。等我把衣服换一换，收拾收拾东西，再走。"

"快点！"特务不耐烦地在外面回应了一句，便走开了。

其实，曾此霞换衣服和收拾东西不过是借口。她被捕时带来的一点衣物，早就收拾好了。凡是牢里同志用得着的，她早已留在了一边。她用话把特务支开，只是想和朝夕相处，共同经历风风雨雨的同志、战友和姐妹多待一会儿，多说几句话。特别是对她心目中崇仰的江姐，更有一种亲人之间难以割舍的情怀。那是多么好的一位大姐呀！就此一别，不知何时才能重逢……

送走了曾紫霞，江竹筠才朦朦胧胧地记起：她在渣滓洞集中营已经度过了自己的二十九岁的生日。但使她感到莫大幸福的是仅在她生日后的一个多月时间，就迎来了中华人民共和国诞生的日子。

曾紫霞走后，一个同曾紫霞年龄相仿的女青年肖淑云，从隔壁女牢调到了江竹筠所在的女牢。肖淑云是云南国立大学的学生，也是学生运动骨干，坚定的共产党党员。她革命热情高，做起事来勇敢果断、雷厉风行，始终把江竹筠当作自己的楷模。如今能与江竹筠同居一室，朝夕相处了，她自然非常高兴。

小黄送来了有关曾紫霞的消息：已经被无条件释放，并恢复了自由。

小黄又带来了关于时局的消息：蒋介石已来到重庆，就住在歌乐山上的林园。小黄送来的重庆当地报纸上，就公开报道有关蒋介石到重庆市区“视察”的新闻。说重庆繁华的街道上空曾悬挂着“欢迎蒋委员长重返第二故乡”的大型标语，但蒋介石的专车没有经过那里，就仓促驶向了重庆市区西北郊外的林园。

随着中国人民解放军炮声的日益临近，渣滓洞集中营出现了一系列变化：各个牢房的人员又作了相应调整，又从白公馆转押过来一批同志；每天放风的规定没有变，但放风的时间明显缩短了；监视集中营的警卫连撤走了，换来的警卫部队全是一些陌生的面孔；监视集中营岗亭上的人数明显增多了，岗亭上还架起了重机枪和火焰喷射器；一大包一大包的档案堆放在靠近女牢的后院，被点燃焚烧，卷起了滚滚浓烟，弥漫了天空。

深夜里，敌人的夜航运输机不间断地飞来飞去。

这一切变化，都使江竹筠明显地察觉到，大家企盼的解放即将实现，胜利离这里更近了！

小黄又传来的最新消息，再次证实了江竹筠的判断。“中美合作所培训的爆破大队，已奉命由杜长城率领，从台北空运到了重庆。”

江竹筠进一步敏锐地感觉到，敌人在做溃逃前的各种准备。其中就包括着可能对在押的革命者下毒手，进行血腥的屠杀。时间紧迫，迫在眉睫，必须立即商定越狱计划，同时加紧越狱的各项准备工作。

江竹筠马上与李青林进行了商议，并很快同杨虞裳、李子伯、余祖胜等同志沟通了情况，大家一致认识到：尽管我们集中营各牢房的同志在越狱斗争上取得了共识，并在白公馆秘密越狱计划基础上，拿出了渣滓洞集中营越狱的初步计划，也积极进行了越狱的准备。但近来局势的迅速发展和集中营内的情况变化，尤其是敌人调换了集中营的警卫部队，还配备了重型武器，我们原来争取的警卫连内部人的配合等有利条件已不复存在等实际问题，使我们必须对越狱计划实施修改，同时加紧越狱的各项准备。总之，一定要赶在敌动手之前，举行越狱暴动。

秋凉了。

陈然等同志在大坪被害的消息，使江竹筠清醒地意识到：“敌人已经开始动手了！”

“看来，等着大部队到来，敌人开始溃逃，又有游击队策应，狱中同志夺取部分武器作掩护的越狱方案已经不能实施了。不能再等了，越狱行动必须提前，否则，一切都来不及了！”江竹筠焦急地思索着。她和李青林简要地交换了意见后，马上着手起草“渣滓洞集中营提前举行越狱暴动的意见”。李青林坐在一旁缝衣服作掩护，肖淑云则在风门口望风。

江竹筠草拟好提前越狱暴动的意见，想让李青林提提修改意见。

“梆梆，梆梆梆梆！”

今日的竹梆声显得特别急促。竹梆声还未结束，一部吉普车和一部卡车已停在了渣滓洞集中营的停车场上。

院坝边的黑门开了。看守所长李磊满脸堆笑地走进了院坝，后面跟着一大批特务。李磊扬手向空中一挥，大声宣布：“大家都注意，听着！奉上峰命令，一些人要转移地方，搬到别的看守所去。听到名字的，请立即做好准备，出来！”

江竹筠一听见叫她的名字，心里全都明白了。她不慌不忙地把那张写有提前越狱暴动意见的纸塞到肖淑云的铺位下，随即站起身，拿起梳子对着墙上那面破镜，像平常一样地梳着头发。她异常平静，丝毫没有情绪的激动，更没有恐惧和悲戚。黎明就在眼前，她已经看到晨曦了。

肖淑云从风门口急步走到江竹筠近前，关切地问：“真的是转移？铺下面是……”

江竹筠做了个手势没有让肖淑云说下去，然后才平静地说道：“是的，要分别了。”

同牢房的人听说江竹筠要转移，不忍和她分离，都围了过来，但一看到她那异常平静的表情，心里更加不安起来，有的人连忙帮着江竹筠收拾常用的衣服。

江竹筠梳好头发，从枕下取出了她那件洗干净了的、叠得平平整整的、被捕时穿的阴丹士林蓝布旗袍，换下了身上穿的那件囚服。

江竹筠又拿出她那件红色的绒线衣，将它套在蓝色旗袍外面。接着，她又习惯地用手拍拍身上的灰尘，再理了理旗袍上的褶痕。然后，她又弯下身子，将鞋上的泥污慢慢拭去。

江竹筠又在镜子面前看了一下，就像是要去参加什么隆重的典礼，准备的那样细致、认真。

特务站在女牢门外，大声催促着："快，要转移的人，马上上车了！"

江竹筠向女牢的同志们深情地看了一眼，就要告别离去。

"江姐，这是我的衣物……"肖淑云将江竹筠的衣服、包括同志们送给江竹筠的物品，全收拾在她那小布包里。

江竹筠轻轻接过布包，看了看，这个布包跟随她已有多年，她用手抚摸片刻，又递给了肖淑云。

"我不需要了，留给大家用吧。"

小布包从肖淑云的手中，散落在了地上。肖淑云一下子扑到江竹筠怀里，失声哭了起来，周围的同志也流下了伤心的眼泪。

女牢门外，成群戴着手铐的男同志正通过院坝向院坝边的黑门走去。一路上，他们正在挥手向间间牢房的同志们告别。

江竹筠拍了拍仍伏在自己肩头哭泣的肖淑云，低头对她耳语道："把你铺下的东西交给楼七室，要快……"然后抬起头，向牢里的同志们再次深情地看了一眼，像对肖淑云，也像是对牢里所有同志，异常平静地说道："不要用眼泪告别。同志们，坚强些，勇敢些！我们每一个革命者，当面临最后考验的时刻，都应该大义凛然，从容的面对死亡——脸不变色，心不跳！"

这时，被敌人打断了腿，依着墙壁、正一步步艰难向前移动的李青林，也勇敢地走过来了。江竹筠迎上前去，站在李青林身边，把李青林的左臂绕过领部搭在自己的左肩上，用自己的身躯支撑着她，两人肩并肩地向牢门口走去。

出了女牢的牢门，她们都不禁回转身，同时向她们一起斗争过的牢房和牢房里的同志们投去了最后的目光……然后，又转过身，向对面楼上和楼下男牢房的同志们挥手告别……

“永别了，同志们，这血不会白白地流在墙上，苏维埃快到了!”

“江姐！青林姐！中国的丹娘!”

女牢、男牢楼上楼下每间牢房的门口，都聚满了向她们挥泪告别的人群。

他们眼睁睁地看着她们走出那扇地狱的黑门。

他们眼睁睁地看着她们和男牢房被押走的同志并肩站在卡车上。

他们看到：他们崇敬的江姐，依然那么镇定，那么平静，那么坚强，那么从容的面对死亡!

吉普车、卡车在落日的残阳中，向山里驶去，转眼间，便被那阴森的山峰和树林淹没了。

傍晚，江竹筠等革命者被带到了人迹罕至的荒凉山坡时，她明白这是为革命献身的时候了。她把千言万语凝聚成两句响亮的口号：“中国共产党万岁!”“打倒国民党反动派!”同行的难友们也随之一齐高呼口号，声震天宇，连一两公里以外的村民们都能听见。刽子手们吓慌了，还没等到达预定的地点，就射出了罪恶的子弹。在口号声中，中华民族的优秀女儿、中国共产党的优秀党员江竹筠和其他二十九名革命同志倒在了血泊里！烈士们的鲜血，染红了岩石，染红了祖国的山山水水。

让我们大家都记住这个日子吧：一九四九年十一月十四日，江竹筠同志为新中国献出了宝贵的生命，年仅二十九岁。

生命的意义

杨虞裳已由楼二室调到了楼七室。几天来，杨虞裳同丁玉川、余祖胜等狱中地下党骨干正在夜以继日地商议越狱暴动一事。

没有了江竹筠的帮助，狱中地下党的主要领导工作就落在了他一个人肩上。虽然革命胜利即将来临，可是渣滓洞目前的情况，却使他感到重重困难：江竹筠、李青林等一批同志的牺牲，严重地影响了监狱党组织预定的越狱计划。在没有狱外武装力量支援的情况下，我们狱内的同志如果贸然行动，特务随时可以开枪扫射，并疯狂地使用火焰喷射器，使我们的同志无法冲出牢门；牢门外的高墙、电网、岗亭，又严密地封锁着出路；而且，集中营周围几十里，分布着敌人数道警戒线，一旦有警报，敌人会在很短时间内到达集中营。所以，只有等到解放前夕，敌人仓皇失措之际，解放军、游击队同集中营里的同志里应外合，才可能取得越狱暴动成功，从而粉碎敌人的屠杀阴谋。可是，越狱的时机尚未成熟，敌人的屠杀却已经开始……

“我看不能再等了！”余祖胜焦急地发表着自己的观点，“江姐等三十名同志被残酷杀害的现实告诉我们：敌人随时随地可以进行第二次、甚至第三次大屠杀。与其坐以待毙，不如抗争而生。”

“怎么抗争？手无寸铁与机枪和火焰喷射器进行抗争吗?!”有过越狱经历的丁玉川似乎更注重现实情况的对策和具体问题的解决。

“等待时机吧，恐怕为时已晚；盲目行动呢，也是无谓的牺牲。你们看看，能不能让我们游击队突袭集中营，我们从中配合，实施越狱暴动呢?”杨虞裳还是想听听同志们的意见。

丁玉川看了看手中的黄泥巴做的烟斗，然后抬头对杨虞裳说道：“这个问题我也考虑过，但几乎是没有胜算的可能。游击队身单力薄，从人数和装备上都无法与集中营的警卫部队抗衡。如果一旦突袭不顺，出现僵持，游击队就会面临被敌人包围的境地。”

“这也不行，那也不行，只好任凭敌人宰割啦！”

“先不要急，能不能换个角度，从另外一方面想想……”

商议陷入了僵局，走入了困境。

“女牢有人来了。”负责在风门口望风的、名叫景立新的青年学生悄悄地说。

又是女牢的同志趁放风的时候，到楼杆上来晾晒衣服。丁玉川看出，肖淑云的目光，在牢门口暗示地闪了一下。

“看见了吗?”景立新轻轻地走过来，小声说，“肖淑云刚刚捏了一下最左边那件衣服的口袋。”

“女牢送信来了……”余祖胜点头会意，“你们继续注意。”

楼七室已放过风，牢门早已被紧紧锁住，女牢同志藏在晾晒的衣服口袋里的秘密信件，一时不能到手，只有等到再次放风的时候，才能设法去取，丁玉川不免有些担心。自从江竹筠和李青林牺牲后，加上曾紫霞被释放出狱，女牢的同志好像没了主心骨。眼下，敌人正是神经高度紧张，防范异常严格，对一切都分外多疑，女牢仍沿用这种老方法送信，将是很危险的。他无奈地摇摇头，收回了向风门口外张望的忧虑目光，转过身来。恰在这时，他的目光被挂在墙角的一件衣服吸引了过去。每间牢房的左右两面墙上，都被牢房里的同志们整整齐齐钉上了两排竹钉，用来挂衣服和杂物，这似乎成了牢房内的常规设施。可是敌人却想不到，这些竹钉中有两根是活动的：左面墙上一根，右面墙上一根。丁玉川看见的正是右面墙通向楼六室的那根活动的竹钉，挂在上面的衣服自己突然抖动了起来。

"小余！"丁玉川低声道，"楼六室有信。"墙上竹钉掩饰的正是"通信孔道"。

余祖胜轻轻走到墙角，取下竹钉上挂的衣服，然后踮起脚尖，拔下竹钉，一个小纸卷立刻从露出的小洞里滚落了出来。余祖胜接住它，展开一看，低声念着："楼六室说……"

景立新忽然回头打断了余祖胜的声音："猩猩来了！""猩猩"是接替原看守所长李磊的新任所长，是特务头子徐远举的忠实走狗。来的时间不长，牢房里的同志们就对他的狰狞面目给予了适当描绘——起了个"猩猩"的绰号。

余祖胜立刻把竹钉插回原处，又把衣服挂上。这时，特务的脚步声，已经愈来愈近。

"哼，晾衣服？"猩猩骤然在牢门外冷笑，"为什么偏偏跑到楼七室门口来晾？嗯，每件衣服都给我搜！"余祖胜心里一惊，立刻把手上的纸条塞进嘴里，囫囵吞下。

"是！"守门外出现了跟随猩猩的值班看守，高声答应着，动手搜查女牢刚晾晒的衣服。

景立新脸上失色了。丁玉川扫了他一眼，沉默着。如果敌人搜出了女牢的来信，而且来信是有关越狱内容的话，那么后果将不堪设想。丁玉川举目四顾，看到余祖胜的手已握紧了拳头，几乎所有同志的目光，都惊惶地射向了牢门口。只有杨虞裳没有什么反应，他早已离开了铁窗口，和更多的同志们一样，半坐半躺在他简陋的铺位上。

危险正在一步步接近。牢门外，值班看守的手已经伸向晾在最左边的那件衣服。

余祖胜在丁玉川耳边说了句什么，陡然站了起来。丁玉川连忙抓住他的手臂，轻声说："慢点！"

牢门外的搜查还在进行。每件衣服都被仔细检查。突然，一个清楚的声音，从牢门口传来："报告所长！一切检查完毕，没有发现任何东西。"

满牢房的人都感到诧异，惊惶的脸色却消失了。

"没有？""没有？"猩猩的声音里，显示出他对这样的结果难以置信，"再搜！"

猩猩的头在风门口晃了一下，突然大声命令道："把楼七室的门打开！"

"是。"

铁锁一开，猩猩冲进牢房，大喝一声："搜！"

紧跟着的值班看守，立刻四处搜寻。

猩猩在牢房内走了几步，看看这个人的脸色，又望望另一个人的表情，他阴险地狞笑着："你们想干什么？嗯？共产党还没打进中美合作所！"一转身，猩猩向门外大喊："来人，彻底搜查楼七室！"

在外警戒的成群特务看守，立刻应声而至。

猩猩搜寻的目光突然转向墙头的衣服，他抢步上前，把挂在竹钉上的衣服扯了两件下来。

“我的衣服！”景立新张皇地叫了一声，就想冲上去保护秘密通信孔道。

余祖胜一把拦住他，并用目光制止他的冲动。

猩猩闻声转过身来，凶恶的目光突然射在正气傲然的余祖胜的脸上。他慢慢向余祖胜逼近，一直逼到毫不退让的余祖胜面前，两对目光相互对峙着，猩猩忽然举手一指：“搜查他！”

跟随猩猩来的值班看守，抢先一步赶到余祖胜面前，动手便搜。他在猩猩阴险的目光监视下，解开余祖胜的衣扣，把衣服上的每个口袋都翻过来检查，接着，又搜寻衣领、袖口、裤腰，一切可能暗藏物品的地方。最后，他转身立正：“报告所长，没有发现东西！”

猩猩愣了一阵，不甘心地看完一无所得的搜查，最后，只好带领着特务，走出牢门。在牢门口，又站住脚，扫视着被硕大的铁锁锁得死死的楼七室。忽然他收住冷笑，大声吼道：“从现在起，渣滓洞停止放风。敢于抗拒者，立刻处决！企图逃跑者，就地正法！”猩猩的手紧紧按住腰间的枪，“一旦有越轨举动，马上开枪！”

四面八方传来成群特务的应声：“是，马上开枪！”

余祖胜扑到牢门口，盯着成群的特务，直到猩猩下楼，走出高墙边通向特务办公室的铁门，他才转回身来。被特务翻乱了的衣服到处都是，一片狼藉。

余祖胜愤怒地将双手往衣袋里一插，大步跨到丁玉川面前，“老丁！”他叫了一声，忽然停住了，因为他的手在裤口袋里触到一点什么东西。余祖胜慢慢从特务搜查过的口袋里抽出手来，竟摸出了一个不知从何而来的、被折叠挤压成很小的纸块。余祖胜诧异地打开纸块一看。

“江姐亲笔写的！这，这从哪里来的?”

丁玉川接过打开的纸张看了一下，立刻敏感地低声说道：“刚才搜查你的值班看守，先搜查过女牢晾晒的衣服。”

“哦!”余祖胜的脸上露出了会心的微笑。要不是这位机智的看守，今天会出多大的危险！过去，所有狱外地下党的来信，都是由这位看守送到女牢的，所以，他们都不认识这位机智勇敢的同志，他就是看守小黄。

丁玉川立刻把那张纸交给了杨虞裳。过了一阵，杨虞裳和丁玉川耳语之后，目光又招呼着余祖胜，余祖胜走了过去，三个人聚在一起。其他同志有的去风门口望风，多数人则站起身，站在风门口与杨虞裳他们之间，活动着身体，保护着三位负责同志阅读江竹筠的来信，商议重要事项。

“女牢知道值班看守是自己人。”杨虞裳深思着说，“急切送信的心情，可以理解，但是这种感情冲动的冒险，再不能做了。”杨虞裳慢慢展开江竹筠的信，他的心情和丁玉川、余祖胜的心情一样，都有一种难以抑制的激动。江竹筠已经永远地离开了他们，此时能收到江竹筠的亲笔信，是何等的亲切，她的音容笑貌一切都历历在目。“这是江竹筠在牺牲前，为我们写下的、关于提前举行越狱暴动的意见，是我们目前迫切需要的，我们要仔细读读，认真听取她的宝贵意见，解决我们面临难题，迅速拿出切实可行的越狱暴动方案，然后分头组织实施。”杨虞裳在开始讨论前，郑重地作了强调。一个围绕江竹筠同志的意见展开的商讨，正在楼七室悄然地进行着。

“她建议我们‘同白公馆加强联系，统筹考虑越狱计划，争取提前统一行动’。这样考虑非常全面，避免了一方越狱暴动后，另一方遭到敌人的突击屠杀。还是江姐想得周到啊！”杨虞裳不禁赞叹道。

“我觉得江姐下面这条建议也很好，它解决了一直困扰我们的越狱暴动时机的把握问题，是粉碎敌人进一步屠杀计划，为党保存更多的干部，把损失降到最低的有效办法。”丁玉川像是突然间找到了钥匙，眉间的“锁”被打开了。

“说得对！”杨虞裳表示同意丁玉川的看法，“我把这一条再读一遍，我们也再仔细考虑考虑，因为其中涉及我们提前举行越狱暴动的核心问题。她建议，‘火速联系解放军派出专门分队，化装成国民党部队，驱车直奔渣滓洞和白公馆，以押解转移为名，解救狱中革命同志；如果不成，再实施强攻，地下党组织、游击队、敌人内部我方人员和狱中的同志多方全力配合……’现在，首要的问题是尽快通过狱外地下党组织与解放军取得联系。”

“把这项任务交给我吧，我有过越狱的成功经历。”丁玉川坚毅的目光中透着自信，“我打算把我们的越狱计划和白公馆的越狱计划一并转给狱外党组织，还有渣滓洞集中营和白公馆两地敌人武装力量部署，也要迅速摸清转给狱外党组织。再由狱外党组织火速与解放军取得联系。”

“我看可以。”

“我也同意。”

“‘越狱计划’就由小余抓紧起草吧。”

“我保证完成任务！”

杨虞裳深思的目光，渐渐移向风门口外，似乎想着更多事情。

“要充分估计到越狱的重重困难。”杨虞裳像对自己，也像对丁玉川和余祖胜，缓缓说道，“我们要做最坏的准备，甚至不惜牺牲生命。江姐说得对：对狱中的每一个同志来说，又将是一次严峻的考验。”

丁玉川和余祖胜默默点头，聆听着杨虞裳微带激情的声音。

“每个人应该清楚地懂得，我们面前，有胜利的希望，也有牺牲的可能……”杨虞裳的手在空中挥了一下，“但是我们有责任，为党，为革命，为新中国保存更多的干部。我们的党员同志们，应该像江竹筠那样，任何时候，任何情况下，都必须以党和人民的利益为重，从不考虑个人的得失。为了党和人民的利益，为了新中国的美好未来，为了他人的幸福，甘愿付出自己的一切……”

“为党和人民的利益献身”，丁玉川从内心里赞同着，“江姐无愧是我们的榜样。”

“我们应该像江姐那样，永远忘我地为党工作。”杨虞裳应声说道，“江姐所写关于越狱暴动的意见，不是一份普通的意见稿，而是江姐留给党组织，留给同志们的珍贵遗书。今天晚上，通知各室开展向江姐学习的讨论活动，让同志们从她崇高的革命气节、不屈不挠的革命意志、英勇献身的牺牲精神中汲取力量，鼓舞斗志，进一步增强同敌人作斗争的信心。”说着，杨虞裳指了指江竹筠那份珍贵遗书上面最后几行文字，又把遗书放在丁玉川和余祖胜面前。接着，伸出两手，扶住他俩的肩头，声音里流露出更加坚定的情感：“让我们都记住江姐的话，在危险面前，绝不退缩，勇往直前；在考验面前，无所畏惧，正气昂然！”

江竹筠的话语，在同志们的心中久久地共鸣着。

在胜利即将到来的前来，江竹筠却英勇地牺牲了。在生命的最后时刻，她仍在赶写提前举行越狱暴动的意见，为党留下一份珍贵的遗书；她是在竭尽自己有限的生命，以换取更多人的生存；她把生命的最后一丝光能，也用来照亮明天的世界；而她在努力挽救他人生命过程中，也使自己的生命得到了延伸……

这就是江竹筠同志在二十九年走过的足迹，一位中国女性杰出代表的一生，她的生命乐章感动了千万人，她的崇高品质又为多少人学习、继承。

江竹筠的儿子云儿，也就是彭云，正是按照妈妈的遗愿，“粗服淡饭”，“以建设新中国为志”，刻苦学习，长大成人的。他曾就读于重庆巴蜀中学和哈尔滨军事工程学院，毕业后被分配到中国科学院从事科研工作，为建设祖国作出了自己的贡献，告慰了母亲的英灵。

江竹筠的故事，到这里，似乎已经讲完。但是她的精神却鼓舞着一代又一代的人，续写着新的篇章……

（注：在本书编纂过程中，参考中国青年出版社1961年出版的《红岩》，党史出版社1991年出版的《革命烈士传》，人民日报2005年至2006年连载的《永远的丰碑》，哈尔滨出版社2005年出版的《中华英雄故事》，北京青年报2001年登载的《党史上的80位人物》等书版。在此，向上述作者、编者和出版单位一并致谢！——作者）